(HOTEL DROUOT)

Par le Ministère de Me Ch. DUBOURG, commissaire-priseur

Suppléant Me F. LAIR-DUBREUIL, mobilisé

CATALOGUE

DE

LIVRES MODERNES

(LIVRES DU XIXe SIÈCLE ET CONTEMPORAINS)

ÉDITIONS ORIGINALES

LA PLUPART IMPRIMÉES SUR GRAND PAPIER

LIVRES ILLUSTRÉS DU MILIEU DU XIXe SIÈCLE

MANUSCRITS ET AUTOGRAPHES

PROVENANT DE LA BIBLIOTHÈQUE DE M. J. L. P.

TROISIÈME PARTIE

R à Z

PUBLICATIONS DE LA SOCIÉTÉ « LES XX »

REVUES

LIVRES ILLUSTRÉS CONTEMPORAINS

PARIS

LIBRAIRIE HENRI LECLERC

219, RUE SAINT-HONORÉ, 219

ET 16, RUE D'ALGER

1918

CATALOGUE

DE

LIVRES MODERNES

LA VENTE AURA LIEU

Du Lundi 7 au Vendredi 11 Octobre 1918

A 2 heures précises

HOTEL DES COMMISSAIRES-PRISEURS, 9, RUE DROUOT

SALLE N° 10

Par le ministère de M^e Ch. DUBOURG, commissaire-priseur

8, RUE D'ALGER, 8

Suppléant Me F. LAIR-DUBREUIL, 6, rue Favart, mobilisé

Assisté de M. HENRI LECLERC, libraire

219, RUE SAINT-HONORÉ, 219
ET 16, RUE D'ALGER

VOIR L'ORDRE DES VACATIONS A LA FIN DU CATALOGUE

CONDITIONS DE LA VENTE

La vente se fait au comptant.

Les adjudicataires paieront 10 pour 100 en sus des enchères pour les livres qui pourront être classés comme n'étant pas de luxe et 17,50 pour 100 pour les livres dits de luxe, ou pouvant être assimilés à cette catégorie.

Les livres vendus devront être collationnés dans les vingt-quatre heures de l'adjudication. Passé ce délai, ils ne seront repris pour aucune cause.

Tous les livres brochés sont avec leurs couvertures imprimées, sauf indication contraire.

M. HENRI LECLERC remplira les commissions qu'on voudra bien lui confier.

On pourra examiner les livres composant ce catalogue, à la librairie Henri Leclerc, du Lundi 23 Septembre au Jeudi 3 Octobre 1918, de 2 à 5 heures.

ORDRE DES VACATIONS

Première Vacation. — Lundi 7 Octobre 1918.

H. Rebell. — H. de Regnier. — Renan. — G. Renard. — Richepin. — A. Rimbaud. — Rodenbach. — J.-H. Rosny. — Rostand	2513 à 2722

Deuxième Vacation. — Mardi 8 Octobre 1918.

Sainte-Beuve. — G. Sand. — J. Sandeau. — Sardou. — M. Schwob. — A. Silvestre. — Mad. de Staël. — Stendhal. — E. Sue	2723 à 2922
L. Tailhade. — Taine	2925 à 2949
Clotilde de Surville	2923 à 2924

Troisième Vacation. — Mercredi 9 Octobre 1918.

Mme Tastu. — J. Tellier. — A. Theuriet. — J. de Tinan. — M. Tinayre. — Verhaeren. — Verlaine. — A. de Vigny	2950 à 3157

Quatrième Vacation. — Jeudi 10 Octobre 1918.

Villiers de l'Isle-Adam. — Willy. — Colette Willy. — Zola. — Publications de la Société « Les XX »	3158 à 3379

Cinquième Vacation. — Vendredi 11 Octobre 1918.

Revues	3380 à 3400
Livres illustrés contemporains	3401 à 3422
— —	3424 à 3471
— —	3473 à 3557
Vita nova — A Rebours	3423 et 3472

CHARTRES. — IMPRIMERIE DURAND, RUE FULBERT.

CATALOGUE

DE

LIVRES MODERNES

(LIVRES DU XIXe SIÈCLE ET CONTEMPORAINS)

ÉDITIONS ORIGINALES

LA PLUPART IMPRIMÉES SUR GRAND PAPIER

LIVRES ILLUSTRÉS DU MILIEU DU XIXe SIÈCLE

MANUSCRITS ET AUTOGRAPHES

PROVENANT DE LA BIBLIOTHÈQUE DE M. J. L. P.

TROISIÈME PARTIE

R à Z

PUBLICATIONS DE LA SOCIÉTÉ « LES XX »

REVUES

LIVRES ILLUSTRÉS CONTEMPORAINS

PARIS

LIBRAIRIE HENRI LECLERC

219, RUE SAINT-HONORÉ, 219

ET 16, RUE D'ALGER

1918

2513. RACHILDE [Mme Alfred Vallette]. Monsieur Vénus. *Paris, Brossier,* 1889, in-12, broché.

Edition originale, précédée d'une longue et curieuse préface de Maurice Barrès.
Un des quelques exemplaires imprimés sur **papier de Hollande.**
Envoi autographe de l'auteur à Philippe Gille, sur le faux titre.

2514. RATISBONNE (Louis). Héro et Léandre, drame antique en un acte en vers. *Paris, Michel Lévy frères,* 1859, in-12, dos et coins de mar. rouge, tête dor., non rogné (*Hardy*).

Edition originale.
Exemplaire de Jules Janin imprimé sur **papier de Hollande**; il contient sur le verso du titre un **sonnet autographe** de Ratisbonne, adressé à M. et Mme J. Janin.

2515. RATISBONNE (Louis). La Comédie enfantine, vignettes par Gobert et Froment. *Paris, Collection Hetzel, Michel Lévy frères,* 1861. — Dernières scènes de la comédie enfantine, vignettes par Froment. *Paris, Hetzel, s. d.* (1862). — Ens. 2 vol. in-8, mar. brun et vert, fil., titre et petite plaque dorée sur les plats, dos orné de fers spéciaux, tr. dor.

Premier tirage de 22 figures gravées sur bois qui ornent ces deux volumes; les 12 du sécond volume sont tirées en lilas.
Reliures des éditeurs d'une grande fraîcheur.

2516. RAYNAUD (Ernest). Les Cornes du faune. *Paris, Bibliothèque artistique et littéraire,* 1890, in-18, pap. de Holl., broché.

Edition originale.
Sur le faux titre, *envoi autographe* de l'auteur à Edmond de Goncourt.

REBELL (Hugues).

2517. Union des trois aristocraties. *Paris, Bibliothèque artistique et littéraire,* 1892, in-12 carré, broché.

Edition originale.

2518. Chants de la pluie et du soleil. *Paris, Charles,* 1894, in-8, broché.

Edition originale.
Envoi autographe de l'auteur à Charles Yriarte sur le faux titre.

2519. La Nichina, mémoires inédits de Lorenzo Vendramin. *Paris, Mercure de France,* 1897, in-12, broché.

Edition originale.
Un des 15 exemplaires imprimés sur **papier du Japon.**

2520. La Camorra, roman d'aventures napolitaines. *Paris, Éditions de la Revue blanche,* 1900, in-12, en feuilles.

Edition originale.
Un des 5 exemplaires imprimés sur **papier de Chine**; il contient deux couvertures dont une sur Japon.

2521. Le Diable est à table, roman. *Paris, Mercure de France,* 1905, in-12, broché.

Edition originale.
Un des 12 exemplaires imprimés sur **papier de Hollande.**

2522. REBOUX (Paul). La petite Papacoda, roman napolitain. *Paris, Fasquelle,* 1911, in-12, broché.

Edition originale.
Un des 15 exemplaires imprimés sur **papier de Hollande.**

2523. REBOUX (Paul) et MULLER (Charles). A la manière de... Paul Adam, Maurice Barrès, Henry Bataille, etc. *Édition de la Revue « Les Lettres »,* 1908, in-16, broché.

Edition originale.

2524. REGNAULT (Henri). Correspondance, annotée et recueillie par Arthur Duparc, suivie du catalogue complet de l'œuvre d'H. Regnault et ornée d'un portrait gravé à l'eau-forte par Laguillermie. *Paris, Charpentier et Cie, 1872*, in-12, broché.

ÉDITION ORIGINALE.

Exemplaire imprimé sur **papier de Hollande**, contenant le portrait en deux états.

Sur le feuillet de garde, *envoi autographe* d'Arthur Duparc à M. J. Le Petit.

RÉGNIER (Henri de).

2525. Les Lendemains. *Paris, Vanier*, 1886, in-16, broché.

ÉDITION ORIGINALE.

2526. Apaisement. *Paris, Vanier*, 1886, in-18, broché.

ÉDITION ORIGINALE tirée à petit nombre sur papier vergé.

Cet exemplaire est imprimé sur **papier vélin chamois**. Sur le faux titre, *envoi autographe* de l'auteur à Théodor de Wyzewa.

2527. Sites. *Paris, Vanier*, 1887, pet. in-8, broché.

ÉDITION ORIGINALE.

Sur le faux titre, *envoi autographe* de l'auteur à Edmond Bailly.

2528. Épisodes (Poèmes, 1886-1888). (*Paris*), *Vanier, s. d.* (1888), in-12, broché.

ÉDITION ORIGINALE.

Envoi autographe de l'auteur à M. Henry Fouquier, sur le faux titre.

2529. Poèmes anciens et romanesques, 1887-1889. *Paris, Librairie de l'Art indépendant*, 1890, pet. in-8, broché.

ÉDITION ORIGINALE.

Envoi autographe de l'auteur à Jean de Tinan, sur le faux titre.

2530. Poèmes anciens et romanesques, 1887-1889. *Paris, Librairie de l'Art indépendant*, 1890, pet. in-8, broché.

ÉDITION ORIGINALE.

Un des quelques exemplaires imprimés sur **papier de Hollande**; très rares.

Envoi et lettre autographes de l'auteur à Edmond Bailly.

2531. Tel qu'en songe. *Paris, Librairie de l'Art indépendant*, 1892, in-12, dos et coins de mar. bleu, tête dorée, non rogné (*Couvert.*).

ÉDITION ORIGINALE.

Un des **20** exemplaires imprimés sur **papier de Hollande**.

Lettre autographe de l'auteur à Edmond Bailly, ajoutée.

2532. Contes à soi-même. *Paris, Librairie de l'Art indépendant*, 1894, in-16, broché.

Édition originale.
Un des **3** exemplaires imprimés sur **papier de Chine**.

2533. Le Bosquet de Psyché. *Bruxelles, Lacomblez*, 1894, in-18, broché.

Édition originale, tirée à 250 exemplaires sur papier vergé, tous numérotés.

2534. Aréthuse. *Paris, Librairie de l'Art indépendant*, 1895, in-12, broché.

Édition originale
Un des **15** exemplaires imprimés sur **papier vergé des Vosges**, dont 10 mis dans le commerce.

2535. Le Trèfle noir, orné par Alphonse Hérold. *Paris, Mercure de France*, 1895, in-16, broché.

Édition originale.
Un des **6** exemplaires imprimés sur **papier de Chine**.

2536. La Canne de jaspe. Monsieur d'Amercœur. Le Trèfle noir. Contes à soi-même. *Paris, Mercure de France*, 1897, in-12, broché.

Édition en partie originale.
Un des **5** exemplaires imprimés sur **papier du Japon**.

2537. Les Jeux rustiques et divins. Aréthuse, les Roseaux de la flûte. Inscriptions pour les treize portes de la ville. La Corbeille des heures. Poèmes divers. *Paris, Mercure de France*, 1897, in-12, broché.

Édition en partie originale.
Un des **12** exemplaires imprimés sur **papier de Hollande**.

2538. Premiers poèmes. Les Lendemains. Apaisement. Sites. Épisodes. Sonnets. Poésies diverses. *Paris, Mercure de France*, 1899, in-12, broché.

Édition en partie originale.
Un des **15** exemplaires imprimés sur **papier de Hollande**.
On y a joint **trois sonnets autographes** de l'auteur : *La Mère*, *Le fils*, et *Le Buveur*, publiés dans les *Médailles d'argile*.

2539. Premiers poëmes : Les Lendemains. Apaisement. Sites. Épisodes. Sonnets. Poésies diverses. *Paris, Mercure de France*, 1899, in-12, broché.

Édition en partie originale.
Un des **5** exemplaires imprimés **sur papier du Japon**.

2540. Le Trèfle blanc. *Paris, Mercure de France,* 1899, in-16, broché.

Edition originale.
Un des **5** exemplaires imprimés sur **papier du Japon.**

2541. La double maîtresse, roman. *Paris, Mercure de France,* 1900, in-12, broché.

Edition originale.
Un des **5** exemplaires imprimés sur **papier du Japon.**

2542. Les Médailles d'argile, poèmes. *Paris, Mercure de France,* 1900, in-12, broché.

Edition originale.
Un des **5** exemplaires imprimés sur **papier du Japon.**

2543. Figures et caractères. *Paris, Mercure de France,* 1901, in-12, broché.

Edition originale.
Un des **5** exemplaires imprimés sur **papier de Chine.**

2544. Les Amants singuliers. *Paris, Mercure de France,* 1901, in-12, broché.

Edition originale.
Un des **5** exemplaires imprimés sur **papier de Chine.**

2545. La Cité des eaux. *Paris, Mercure de France,* 1902, in-12, en feuilles, dans une couverture.

Edition originale.
Un des **3** exemplaires imprimés sur **papier de Chine.**

2546. La Cité des eaux. *Paris, Mercure de France,* 1902, in-12, broché.

Edition originale.
Un des **29** exemplaires imprimés sur **papier de Hollande.**

2547. Le bon plaisir, roman. *Paris, Mercure de France,* 1902, in-12, en feuilles, dans une couverture.

Edition originale.
Un des **5** exemplaires imprimés sur **papier de Chine.**

2548. Les Vacances d'un jeune homme sage, roman. *Paris, Mercure de France,* 1903, in-12, en feuilles, dans une couverture.

Edition originale.
Un des **3** exemplaires imprimés sur **papier de Chine.**

2549. Les Vacances d'un jeune homme sage, roman. *Paris, Mercure* de France, 1903, in-12, broché.

Edition originale.
Un des 9 exemplaires imprimés sur **papier du Japon.**

2550. Le Mariage de minuit, roman contemporain. *Paris, Mercure de France,* 1903, in-12, en feuilles, dans une couverture.

Edition originale.
Un des 3 exemplaires imprimés sur **papier de Chine.**

2551. Le Mariage de minuit, roman contemporain. *Paris, Mercure de France,* 1903, in-12, broché.

Edition originale.
Un des 5 exemplaires imprimés sur **papier du Japon.**

2552. Les Rencontres de M. Bréot, roman. *Paris, Mercure de France,* 1904, in-12, broché.

Edition originale.
Un des 9 exemplaires imprimés sur **papier du Japon.**

2553. Le Passé vivant, roman moderne. *Paris, Mercure de France,* 1905, in-12, broché.

Edition originale.
Un des 39 exemplaires imprimés sur **papier de Hollande.**

2554. La Sandale ailée, 1903-1905. *Paris, Mercure de France,* 1906, in-12, broché.

Edition originale.
Un des 12 exemplaires imprimés sur **papier du Japon.**

2555. Sujets et paysages. *Paris, Mercure de France,* 1906, in-12, broché.

Edition originale.
Un des 15 exemplaires imprimés sur **papier du Japon.**

2556. Le Peur de l'amour, roman. *Paris, Mercure de France,* 1907, in-12, broché.

Edition originale.
Un des 15 exemplaires imprimés sur **papier du Japon.**

2557. Le Théâtre aux chandelles. Les Scrupules de Sganarelle, *Paris, Mercure de France,* 1908, in-12, broché.

Edition originale.
Un des 15 exemplaires imprimés sur **papier du Japon.**

2558. La Flambée, roman. *Paris, Mercure de France,* 1909, in-12, broché.

ÉDITION ORIGINALE.
Un des **69** exemplaires imprimés sur **papier de Hollande.**

2559. Couleur du temps. Le Trèfle blanc. L'Amour et le plaisir. Tiburce et ses amis. Contes pour les treize. *Paris, Mercure de France,* 1909, in-12, broché.

ÉDITION EN PARTIE ORIGINALE.
Un des **69** exemplaires imprimés sur **papier de Hollande.**

2560. Le Miroir des heures, 1906-1910. *Paris, Mercure de France,* 1910, in-12, broché.

ÉDITION ORIGINALE.
Un des **69** exemplaires imprimés sur **papier de Hollande.**

2561. Contes de France et d'Italie. Portrait de l'auteur gravé sur bois par P.-E. Vibert. *Paris, Georges Crès et Cie. Les Maîtres du livre,* 1912, in-12, broché.

ÉDITION ORIGINALE.
Exemplaire imprimé sur **papier du Japon,** contenant DEUX épreuves du portrait.

2562. Discours de réception à l'Académie Française, prononcé le 18 janvier 1912. *Paris, Mercure de France,* 1912, in-12, broché.

ÉDITION ORIGINALE.
Un des **83** exemplaires imprimés sur **papier de Hollande.**

2563. L'Amphisbène, roman moderne. *Paris, Mercure de France,* 1912, in-12, broché.

ÉDITION ORIGINALE.
Un des **97** exemplaires imprimés sur **papier de Hollande.**

2564. Le Plateau de laque. *Paris, Mercure de France,* 1913, in-12, broché.

ÉDITION ORIGINALE.
Un des **97** exemplaires imprimés sur **papier de Hollande.**

2565. Portraits et Souvenirs. Pour les mois d'hiver. *Paris, Mercure de France,* 1913, in-12, broché.

ÉDITION ORIGINALE.
Un des **97** exemplaires imprimés sur **papier de Hollande.**

2566. Le dernier soir, pièce de vers de 3 pages, in-4.

Manuscrit autographe, signé, d'une pièce publiée dans les *Médailles d'argile.*

2567. A Ferdinand Hérold. Manuscrit, in-4 de 4 pag., cartonn. en papier.

Manuscrit autographe, signé, publié dans le *Mercure de France*.
On y a ajouté : Les *Médailles d'argile*, *Médaille marine*, 3 **pag. autographes**, signées.

2568. REMACLE (Adrien). La Passante, avec frontispice, gravure sur cuivre par Odilon Redon. *Paris, Bibliothèque artistique et littéraire*, 1892, in-18, pap. de Holl., broché.

Edition originale.

RENAN (Ernest).

2569. La Poésie des races celtiques. *Paris, Claye et Cie*, 1854, in-8, de 36 pag., broché.

Edition originale ; tirage à part de la livraison du 1er février 1854 de la *Revue des deux mondes*.
Envoi autographe de Renan sur la couverture.

2570. Vie de Jésus. *Paris, Michel Lévy frères*, 1863, in-8, broché.

Edition originale.

2571. 4 lettres autographes d'Ernest Renan, signées, datées de 1863 à 1869. Ens. 8 pag. in-8.

Lettres des plus intéressantes relatives à la *Vie de Jésus* et à *Saint Paul*.

2572. Questions contemporaines. *Paris, Michel Lévy frères*, 1868, in-8, broché.

Edition originale.

2573. Saint Paul. *Paris, Michel Lévy frères*, 1869, in-8, broché.

Edition originale.
Un des quelques exemplaires imprimés sur **papier de Hollande**.

2574. L'Antechrist. *Paris, Michel Lévy frères*, 1873, in-8, broché.

Edition originale.
Un des quelques exemplaires imprimés sur **papier de Hollande**.

2575. Souvenirs d'enfance et de Jeunesse. — Feuilles détachées, faisant suite aux Souvenirs d'enfance et de jeunesse. *Paris, Calmann Lévy*, 1883-1892, 2 vol. in-8, brochés.

Editions originales.
Un des 15 exemplaires imprimés sur **papier du Japon.**

2576. L'Abbesse de Jouarre. *Paris, Calmann Lévy*, 1886, in-8, broché.

Edition originale.
Un des 25 exemplaires imprimés sur **papier du Japon.**

2577. Ma Sœur Henriette. Avec illustrations d'après Henry Scheffer et Ary Renan, reproduites par l'héliogravure. *Paris, Calmann Lévy*, 1895, pet. in-8, broché.

Première édition illustrée.
Un des 125 exemplaires imprimés sur **papier du Japon.**

2578. Ernest Renan-Henriette Renan. Lettres intimes, 1842-1846, précédées de Ma Sœur Henriette, par Ernest Renan. *Paris, Calmann Lévy*, 1896, in-8, broché.

Edition en partie originale.
Un des 50 exemplaires imprimés sur **papier de Hollande.**

2579. E. Renan et M. Berthelot. Correspondance, 1847-1892. *Paris, Calmann Lévy*, 1898, in-8, broché.

Edition originale.
Un des 25 exemplaires imprimés sur **papier de Hollande.**

2580. Lettres du séminaire, 1838-1846. *Paris, Calmann-Lévy, s. d.*, (1902), in-8, broché.

Edition originale.
Un des 30 exemplaires imprimés sur **papier de Hollande.**

2581. Mélanges religieux et historiques. *Paris, Calmann-Lévy*, 1904, in-8, broché.

Edition originale.
Un des 10 exemplaires imprimés sur **papier de Hollande.**

2582. Cahiers de jeunesse, 1845-1846. — Nouveaux Cahiers de jeunesse, 1846. *Paris, Calmann-Lévy*, 1906-1907, 2 vol. in-8, brochés.

Edition originale.
Un des 10 exemplaires imprimés sur **papier de Hollande.**

2583. Patrice. Avec illustrations d'après Ary Renan reproduites par l'héliogravure. *Paris, Calmann-Lévy, s. d.* (1907), pet. in-8, broché.

Edition originale.
Un des 45 exemplaires imprimés sur **papier du Japon.**

2584. Lettre autographe, signée, de Renan. Paris, 12 Mai 1852, 6 pag in-8.

Très belle lettre à un ami exilé après le deux décembre. Il déplore la triste situation de l'Université, et désespère de l'avenir intellectuel de la France. Il parle de ses travaux pour le doctorat, etc.

2585. Lettre autographe de Renan à Jules Sandeau. Paris, 20 Janvier 1862, 2 pag. in-8.

Relative à sa candidature à l'Académie française.

2586. Lettre autographe, signée, de Renan. Sèvres, 8 Août 1869, 1 pag. 1/2 in-8.

Il apprend avec joie que son correspondant va entreprendre un voyage en Turquie d'Asie; il lui indique quelques recherches à faire et lui parle de différents Mémoires qu'il a publiés sur cette partie de la Turquie.

2587. Lettre autographe, signée, de Renan (à Anatole France), 16 Mai 1878, 4 pag. in-8.

Jolie lettre relative à l'article consacré à Renan dans la *Vie littéraire*.

RENARD (Jules).

2588. Sourires pincés. *Paris, Lemerre*, 1890, in-12, broché.

Edition originale.
Envoi autographe de l'auteur à Aurélien Scholl.

2589. Coquecigrues. *Paris, Ollendorff*, 1893, in-12, broché.

Edition originale.

2590. Le Vigneron dans sa vigne. *Paris, Mercure de France*, 1894, pet. in-18, papier vergé, tiré en 3 couleurs, noir, rouge et vert, broché.

Edition originale.

2591. Histoires naturelles. *Paris, Flammarion, s. d.* (1896), in-16 carré, broché.

Edition originale.
Un des 10 exemplaires imprimés sur papier du Japon.

2592. Histoires naturelles. Edition ornée de vingt-deux lithographies originales de H. de Toulouse Lautrec. *Paris, Floury*, 1900, très gr. in-8, broché.

Edition tirée à 100 exemplaires.

2593. Histoires naturelles illustrations de Bonnard. *Paris, Flammarion, s. d.* (1904), in-12, broché.

Un des 20 exemplaires imprimés sur **papier du Japon.**

2594. La Maîtresse. Dessins de F. Vallotton. *Paris, Simonis Empis*, 1896, in-12, broché.

EDITION ORIGINALE.

2595. Poil de carotte. Avec 50 dessins de F. Vallotton. *Paris, Flammarion, s. d.* (1902), in-12, broché.

Exemplaire imprimé sur **papier de Hollande.**

2596. Poil de Carotte, comédie en un acte. *Paris, Ollendorff*, 1900, in-12, broché.

EDITION ORIGINALE.
Un des 10 exemplaires imprimés sur **papier de Chine.**

2597. L'Ecornifleur, roman. Nouvelle édition. Dessins de Ch. Huard. Gravure sur bois de G. Lemoine. *Paris, Ollendorff*, 1904, in-12, broché.

Un des 15 exemplaires imprimés sur **papier du Japon.**

2598. Nos Frères farouches. Ragotte. *Paris, A. Fayard, s. d.* (1907), in-12, broché.

EDITION ORIGINALE imprimée à 200 exemplaires sur papier de Hollande.

2599. Mots d'écrit. *Nevers, publication des Cahiers nivernais*, 1908, in-16, papier de Hollande, broché.

EDITION ORIGINALE.

2600. Causeries. Avec des lettres inédites, un portrait par P.-E. Colin et un autographe. *Nevers, les Cahiers nivernais et du Centre*, 1910, in-16, papier de Hollande, portrait, broché.

EDITION ORIGINALE.

2601. La Bigote, comédie en deux actes. *Paris, Ollendorff*, 1910, pet. in-8, broché.

EDITION ORIGINALE.
Un des 5 exemplaires imprimés sur **papier de Chine.**

2602. L'Œil clair. *Paris, Editions de la nouvelle revue française,* 1913, in-12, broché.

Edition originale.

2603. Les Joues rouges, 9 pag. — Poil de carotte, la Luzerne, 4 pag. En une plaquette in-4, cartonn. en papier.

Manuscrits autographes, signés, publiés dans le *Mercure de France*, en 1890 et 1892.

2604. RETTÉ (Adolphe). Cloches en la nuit. Eau-forte d'Emile H. Meyer. *Paris, Vanier,* 1889, pet. in-4, broché.

Edition originale.

Envoi autographe de l'auteur à Edmond de Goncourt sur le faux titre.

2605. RETTÉ (Adolphe). Une belle dame passa. *Paris, Vanier,* 1893, in-12, broché.

Edition originale.

Hommage cordial de l'auteur à M. J. Le Petit sur le faux titre.

2606. RETTÉ (Adolphe). Similitudes. *Paris, Bibliothèque artistique et littéraire,* 1895, in-16. — L'Archipel en fleurs. *Ibid., id.,* 1895, in-16. — Promenades subversives. *Ibid., id.,* 1896, in-12. — La Forêt bruissante. *Ibid., id.,* 1896, in-16 (Envoi autog. à Edm. de Goncourt). — Aspects. *Ibid., id.,* 1897, in-16. — Dans la forêt. *Paris, Messein,* 1903, in-12. — Mémoires de Diogène. *Paris, Fasquelle,* 1903, in-12. — Du Diable à Dieu, histoire d'une conversion. Préface de François Coppée. *Paris, Messein,* 1907, in-12. — Ens. 8 vol., brochés.

Editions originales.

2607. RETTÉ (Adolphe). Thulé des Brumes. Portrait à l'eau-forte par E. H. Mayer. *Paris, Bibliothèque artistique et littéraire,* 1891, in-18, broché.

Edition originale.

Exemplaire imprimé sur **papier du Japon** ; sur le faux titre, *envoi autographe* de l'auteur à M. J. Le Petit.

2608. REVUE (La) COMIQUE à l'usage des gens sérieux, histoire morale, philosophique, politique, critique, littéraire et artistique de la semaine. Texte par MM. A. Lireux, C. Caraguel, P. Vertot,

E. de la Bedollière, Gérard de Nerval, etc., etc., dessins par MM. Bertall, Nadar, Fabritzius, Otto, Lorentz, Beguin, Quillenbois, etc. Novembre 1848 à Mai 1849. *Paris, Dumineray, s. d.*, 2 part. en un vol. gr. in-8, dos et coins de mar. rouge, fil., tête dor., non rogné, couvertures (*Champs*).

2609. REYBAUD (Louis). Jérôme Paturot à la recherche d'une position sociale. *Paris, Paulin,* 1842, in-8, cartonnage demi-mar. brun, non rogné (*Lemardeley*).

Edition originale, très rare.
Exemplaire de la bibliothèque de M. Eugène Paillet.

2610. REYBAUD (Louis). Jérome Paturot à la recherche d'une position sociale. Edition illustrée par J. J. Grandville. *Paris, Dubochet, Le Chevalier et Cie*, 1846, gr. in-8, broché.

Premier tirage des illustrations de *Grandville.*

2611. REYBAUD (Louis). Jérome Paturot à la recherche de la meilleure des républiques. Edition illustrée par Tony Johannot. *Paris, Michel Lévy frères,* 1849, gr. in-8, cartonn. dos et coins de toile brune, non rogné (*Couvert.*).

Premier tirage.
Exemplaire non coupé.

2612. RICARD (Jules). Cristal fêlé. *Paris, Calmann Lévy,* 1894, in-12, dos et coins de mar. rouge, fil., dos orné et mosaïqué, tête dor., non rogné (*Ruban*).

Edition originale.
Un des 5 exemplaires imprimés sur **papier du Japon**.

2613. RICARD (Jules). Cœurs inquiets. *Paris, Calmann Lévy,* 1890, in-12, dos et coins de mar. rouge, fil., dos orné et mosaïqué, tête dor., non rogné (*Ruban*).

Edition originale.
Un des 5 exemplaires imprimés sur **papier du Japon**.

2614. RICARD (Jules). Histoires fin de siècle. *Paris, Calmann Lévy,* 1890, in-12, dos et coins de mar. rouge, fil., dos orné et mosaïqué, tête dor., non rogné (*Ruban*).

Edition originale.
Un des 5 exemplaires imprimés sur **papier du Japon**.

2615. RICARD (Jules). La Voix d'or. *Paris, Calmann Lévy,* 1884, in-12, dos et coins de mar. rouge, fil., dos orné et mosaïqué, tête dor., non rogné (*Ruban*).

Edition originale.
Un des 10 exemplaires imprimés sur **papier du Japon.**

RICHEPIN (Jean).

2616. André Gill et Jean Richepin. L'Etoile, drame en un acte, en vers. *Paris, Lemerre,* 1873, in-12, broché.

Edition originale.
Un des 5 exemplaires imprimés sur **papier de Chine.**

2617. La Chanson des Gueux. Gueux des Champs. — Gueux de Paris. — Nous autres Gueux. *Paris, Librairie Illustrée, s. d.* (1876), in-12, broché.

Edition originale contenant des pièces supprimées dans la deuxième édition.

2618. La Chanson des gueux, édition définitive, revue et augmentée ; illustrée d'un portrait de l'auteur par E. de Liphart. *Paris, Dreyfous,* 1881, in-18, broché.

Un des 10 exemplaires imprimés sur **papier Whatman** ; portrait en **deux** états.

2619. Les Morts bizarres. *Paris, Decaux, s. d.* (1876), in-12, broché.

Edition originale.

2620. Les Caresses. *Paris, Decaux, s. d.* (1877), in-12, broché.

Edition originale.

2621. Madame André. *Paris, Dreyfous,* 1878, in-12, broché.

Edition originale.

2622. La Glu. *Paris, Dreyfous, s. d.* (1881), in-12, broché.

Première édition en librairie.

2623. La Glu, drame en cinq actes et six tableaux. *Paris, Dreyfous,* 1883. — Le Flibustier, comédie en vers, en trois actes. *Ibid., id.,* 1888. — Par le Glaive, drame en vers, en cinq actes et huit tableaux. *Paris, Charpentier et Fasquelle,* 1892. — Ens. 3 vol. in-8, brochés.

Editions originales.

2624. Quatre petits romans. Sœur Doctrouvé. — Monsieur Destremeaux. — Une Histoire de l'autre monde. — Les Débuts de César Borgia, précédés de ma Préface. *Paris, Dreyfous, s. d.* (1882), in-12, broché.

Edition en partie originale.

2625. Braves gens. *Paris, Dreyfous*, 1886, in-12, broché.

Edition originale.

2626. La Mer. *Paris, Dreyfous*, 1886. — Truandailles. *Paris, Charpentier*, 1890 (Edit. orig.). — La Miseloque. *Ibid., id.*, 1893 (Edit. orig.). — L'Aimé. *Ibid., id.*, 1893 (Edit. orig.). — Mes Paradis. *Ibid., id.*, 1894 (Edit. orig.). — Grandes amoureuses. *Ibid., id.*, 1896 (Edit. en partie orig.). — Ens. 6 vol. in-12, brochés.

2627. Césarine. *Paris, Dreyfous*, 1888, in-12, broché.

Edition originale.

2628. Vers la joie, conte bleu en cinq actes, en vers. *Paris, Charpentier et Fasquelle*, 1894, in-8, broché.

Edition originale.
Un des 15 exemplaires imprimés sur **papier du Japon**.

2629. Le Chemineau, drame en cinq actes, en vers. *Paris, Fasquelle*, 1897, in-8, cartonn. dos et coins de mar. rouge, non rogné, couverture (*Carayon*).

Edition originale.
Un des 15 exemplaires imprimés sur **papier du Japon**.

2630. La Martyre, drame en cinq actes, en vers. *Paris, Fasquelle*, 1898, in-8, broché.

Edition originale.
Exemplaire imprimé sur **papier jaune**.

2631. La Martyre, drame en cinq actes, en vers. *Paris, Fasquelle*, 1898, in-8, dos et coins mar. réséda, dos orné, tête dor., non rogné, couverture (*Canape*).

Edition originale.
Un des 50 exemplaires imprimés sur **papier de Hollande**.

2632. Les Truands, drame en cinq actes, en vers. *Paris, Fasquelle*, 1899, in-12, broché.

Edition originale.
Un des 20 exemplaires imprimés sur **papier du Japon**.

2633. Prologue pour la réouverture de la Comédie française, le samedi 29 décembre 1900. *Paris, Fasquelle, s. d.* (1900), in-8 obl., broché.

Edition originale, reproduction du manuscrit de l'auteur.

2634. Don Quichotte, drame héroï-comique en vers, en 3 parties et 8 tableaux. *Paris, Fasquelle,* 1905, pet. in-8, broché.

Edition originale.
Un des 30 exemplaires imprimés sur **papier de Hollande.**

2635. *Le Hollandais volant,* sonnet autographe, signé, de Jean Richepin.

Manuscrit qui a servi pour l'impression dans la *Revue wagnérienne,* année 1886, pag. 371.

2636. L'Ennemi, par Jean Richepin, 3 pag. in-4.

Nouvelle autographe, signée.

2637. RICHEPIN (Jacques). La Cavalière, pièce en cinq actes, en vers. *Paris, Fasquelle,* 1901, in-12, broché.

Edition originale.
Exemplaire imprimé sur **papier de couleur** (orange).

RICTUS (Jehan).
[Gabriel Randon.]

2638. Les Soliloques du pauvre. *Paris, chez l'auteur,* 1897, in-8, portrait par Steinlen, broché.

Edition originale.
Un des **80** exemplaires imprimés sur **papier du Japon.**
Sur le feuillet de garde :
La Charlotte prie Notre Dame durant la nuit du Reveillon, fragment autographe de 20 vers, d'un poème inédit, signé de Jehan Rictus et daté d'avril 1903.

On y a ajouté la suite des 8 lithographies en couleurs de *Sunyer.* Une des 40 suites tirées sur Chine.

2639. Les Soliloques du pauvre. Edition revue, corrigée et augmentée de poèmes inédits. Illustrations par A. Steinlen. *Paris, Sévin et Rey,* 1903, gr. in-16, broché.

Un des **100** exemplaires imprimés sur **papier du Japon.**

2640. Fil de Fer. *Paris, Louis Michaud, s. d.* (1906), in-12, broché.

Edition originale.

2641. Doléances, nouveaux soliloques. Frontispice d'Alfred Jungbluth. *Paris, Mercure de France,* 1900, in-12, broché.

Edition originale.
Un des 29 exemplaires imprimés sur **papier de Hollande.**

2642. Cantilènes du malheur, pointe sèche de Steinlen. *Paris, Sevin et Rey, s. d.* (1902), plaquette in-8, brochée.

Edition originale.
Tirage de luxe, à 150 exemplaires sur papier du Japon, contenant la pointe sèche en deux états.
Sur le faux titre l'envoi suivant :

Exemplaire de M. Le Petit
Jehan Rictus
(Mai 1902),

suivi de trois vers autographes extraits des *Cantilènes du malheur.*

2643. Un « Bluff » littéraire. Le Cas Edmond Rostand. *Paris, Sevin et Rey,* 1903. — Dimanche et lundi férié, ou le numéro gagnant, pièce en un acte. *Paris, Rey,* 1905. Ens. 2 plaquettes in-12 et in-8, brochées.

Editions originales.
La seconde plaquette est un tirage à part de la *Revue littéraire de Paris et de Champagne.*

2644. ...Le Cœur populaire, poèmes, doléances, ballades, plaintes, complaintes, récits, chants de misère et d'amour, en langue populaire (1900-1913). Portrait par Steinlen. *Paris, Rey,* 1914, pet. in-8, broché.

Edition originale.

RIMBAUD (Arthur).

2645. Les Illuminations. Notice par Paul Verlaine. *Paris, Publications de la Vogue,* 1886, in-8, papier de Hollande, broché.

Edition originale tirée à 200 exemplaires.

2646. Reliquaire, poésies. Préface de Rodolphe Darzens. *Paris, Genonceaux,* 1891, in-16, broché.

Edition originale.

2647. Poésies complètes, avec préface de Paul Verlaine et notes de l'éditeur. *Paris, Vanier,* 1895, in-12, demi-rel. mar. La Vall., fil., tête dor., non rogné, couverture (*Meunier*).

Un des **25** exemplaires imprimés sur **papier de Hollande.**

On y a ajouté **un huitain autographe** de l'auteur reproduit pag. 116 du volume.

2648. Lettres de Jean-Arthur Rimbaud. — Egypte, Arabie, Ethiopie. Avec une introduction et des notes par Paterne Berrichon. *Paris, Mercure de France,* 1899, in-12, broché.

Edition originale.

Un des **12** exemplaires imprimés sur **papier de Hollande.**

2649. Œuvres (Poésies. — Les Illuminations. — Autres illuminations. — Une Saison en enfer). Portrait de Rimbaud par Fantin-Latour. *Paris, Mercure de France,* 1898, in-12, broché.

Premier tirage de cette édition collective.

Envoi autographe de Paterne Berrichon à Anatole France, sur le feuillet de garde.

2650. Paterne Berrichon. La Vie de Jean-Arthur Rimbaud. *Paris, Mercure de France,* 1897, in-12, broché.

Edition originale.

Un des **12** exemplaires imprimés sur **papier de Hollande.**

2651. 3 portraits de Rimbaud dessinés à la plume par Paterne Berrichon.

Originaux des portraits reproduits dans l'ouvrage de Paterne Berrichon : *La Vie de Jean Arthur Rimbaud.* On y joint un reçu de Rimbaud, en français et en éthiopien qui a été reproduit dans la *Revue blanche.*

Une lettre de Paterne Berrichon à M. Raisin accompagne ces documents.

2652. Paterne Berrichon. Jean-Arthur Rimbaud, Le Poète, 1854-1873. Poèmes, lettres et documents inédits. *Paris, Mercure de France,* 1912, in-12, portrait, broché.

Edition originale.

Un des **16** exemplaires imprimés sur **papier de Hollande.**

2653. RIOTOR (Léon). Sur deux monarques des lettres. *Paris, Lib. de la Plume, s. d.* (1895), in-18, mar. bleu, fil., tr. dor., couverture (*Bretault*).

Edition originale.

2654. RIVOIRE (André). Le Roi Dagobert, comédie en quatre actes, en vers. *Paris*, *Lemerre*, 1908, in-12, broché.

Edition originale.
Un des **25** exemplaires imprimés sur **papier de Hollande.**

2655. ROCHE (Edmond). Poésies posthumes, avec une notice, par M. Victorien Sardou. *Paris, Michel Lévy frères*, 1863, in-12, broché.

Edition originale ornée d'un portrait de l'auteur par *Grenaud* et de 4 eaux-fortes par *Corot*, *de Bar*, *Herst* et *Michelin*.

2656. ROCHEFORT (Henri). Les petits mystères de l'Hôtel des ventes. *Paris, Dentu, s. d.* (1862). — La Grande Bohême. *Paris, Lib. centrale*, 1867. — Les Naufrageurs, roman parisien. *Genève*, 1876. — L'Évadé, roman canaque. *Paris, Charpentier*, 1880. — Farces amères. *Paris, Victor-Havard*, 1886. — La Mal'aria, étude sociale. *Paris, Librairie moderne*, 1887. Ens. 6 vol. in-12, brochés.

Editions originales.
On y ajouté le numéro du 22 août 1868 de la *Nouvelle Némésis* contenant le *Sonnet à la Vierge* d'Henri Rochefort publié en 1855 dans le *Recueil de l'Académie des jeux floraux*.

2657. ROCHEFORT (Henri). Mila, petit poème, et poésie autographes d'Henri Rochefort, pet. in-4, cartonn. papier gris.

Mila se compose de 10 pag. 1/4 et la pièce est signée.
La poésie comprend 3 pag. Elle est datée d'avril 1849, mais n'est pas signée.

2658. ROCHEFORT (Henri). Pièces dramatiques. Réunion de 4 plaquettes in-12, brochées.

Les Bienfaits de Champavert, comédie-vaudeville en un acte. *Paris, Dentu*, 1862. — Un Homme du sud, à-propos burlesque mêlé de couplets (en collaboration avec Albert Wolff). *Ibid., id.*, 1862 (*Envoi autog.* de Rochefort). — Les Pinceaux d'Héloïse, vaudeville en un acte (en collaboration avec Adolphe Choler). *Paris, Michel Lévy frères*, 1864. — La Confession d'un enfant du siècle, comédie en un acte (en collaboration avec Pierre Véron). *Paris, Lib. centrale*, 1866.

2659. ROD (Édouard). Les trois cœurs. *Paris, Perrin et Cie*, 1890, in-12, broché.

Edition originale.
Un des **20** exemplaires imprimés sur **papier de Hollande.**

2660. ROD (Édouard). Les Roches blanches. *Paris, Perrin et Cie*, 1895, in-12, broché.

Edition originale.
Un des 25 exemplaires imprimés sur **papier de Hollande**.
Hommage autographe de l'auteur à Philippe Gille, sur le feuillet de garde.

RODENBACH (Georges).

2661. Le Foyer et les Champs, poésies. *Paris, Palmé*, 1877, in-16, broché.

Edition originale.

2662. Du Silence, poésies. *Paris, Lemerre*, 1888, pet. in-12, broché.

Edition originale.
Sur le faux titre :

à José-Maria de Heredia
le somptueux et
suggestif poète
Georges Rodenbach.

2663. L'Art en exil. *Paris, Librairie moderne*, 1889, in-12, broché.

Edition originale.

2664. Le Règne du silence, poème. *Paris, Charpentier*, 1891, in-12, cartonn. demi-toile bleue, non rogné (*Couvert.*).

Edition originale, contenant sur le faux titre un *envoi autographe* de l'auteur à Catulle Mendès.
On y a joint deux lettres ; l'une, de Rodenbach à Catulle Mendès le remerciant de l'envoi de *Zo'Har* ; l'autre, de Madame Rodenbach, également à Mendès, pour le remercier du discours qu'il a prononcé sur la tombe de son mari.

2665. Bruges-la-Morte, roman. *Paris, E. Flammarion, s. d.* (1892), in-12, cart. demi-toile grise, tête jasp., non rogné (*Couvert.*).

Edition originale.
On y a ajouté *une lettre autographe* de l'auteur à l'éditeur Vanier.

2666. Bruges-la-Morte, roman. Nouvelle édition. *Paris, Flammarion, s. d.* in-12, port. et fig., broché.

Un des 20 exemplaires imprimés sur **papier du Japon**.

2667. Le Voyage dans les yeux. *Paris, Ollendorff*, 1893, in-16, broché.

Edition originale.
Sur le faux titre :

à José-Maria de Heredia
au beau poète des Trophées
cordialement
Georges Rodenbach.

2668. Musée de béguines. *Paris, Charpentier et Fasquelle*, 1894, in-12, broché.

Edition originale.
On y a ajouté le *manuscrit autographe* d'un article critique du livre par *Samain*.

2669. Les Vierges (images de J. Rippl-Rónai). *Paris, Bing*, 1895, in-8, cartonn. de l'éditeur.

Édition originale.

2670. Les Tombeaux, images de James Pitcairn-Knowles. *Paris, Bing*, 1895, in-8, cartonn. de l'éditeur.

Edition originale.

2671. Les Vies encloses, poème. *Paris, Charpentier et Fasquelle*, 1896, in-12, broché.

Edition originale.
Sur le faux titre :

à José-Maria de Heredia
son administrateur et son ami.
Georges Rodenbach.

2672. Le Voile, joué à la Comédie-Française, le 21 mai 1894. *Paris, Ollendorff*, 1897, in-12, broché.

Editions originales.
Un des **10** exemplaires imprimés sur **papier de Hollande.**
On y a ajouté une *lettre autographe* de l'auteur adressée à Mlle Moreno, relative au rôle qu'elle a créé dans cette pièce.

2673. Le Miroir du ciel natal, poème. *Paris, Fasquelle*, 1898, in-12, broché.

Edition originale.

2674. L'Elite (écrivains, orateurs sacrés, peintres, sculpteurs). *Paris, Fasquelle*, 1899, in-12, broché.

Edition originale.

2675. L'Arbre, illustrations de Pinchon. *Paris, Ollendorff*, 1899, in-12 en hauteur, broché.

Edition originale.
Un des **50** exemplaires imprimés sur **papier de Chine.**

2676. Le Rouet des Brumes, contes posthumes. *Paris, Ollendorff*, 1901, in-12, broché.

Edition originale.
Un des **25** exemplaires imprimés sur **papier de Hollande.**

2677. ROLLAND (Amédée). Matutina, poésies. *Paris, Imprimerie de Gustave Gratiot*, 1847, in-12, broché. — Au Fond du verre, par le même. *Paris, Imprimerie d'Aubusson et Kugelmann*, 1854, in-18, cartonn. demi-vélin vert, non rogné. — Ens. 2 vol.

Editions originales, rares.
Envoi autographe de l'auteur sur le faux titre du premier volume.

2678. ROLLAND (Amédée). Nos Ancêtres, tragédie nationale, en partie inédite, avec chœurs et danses. Onze compositions et allégories d'Aug.-Fr. Gorguet, gravées par A. Charpentier. *Paris, Jouaust*, 1889, gr. in-8, cartonn. demi-veau fauve, non rogné, couverture (*Lemardeley*).

Edition non mise dans le commerce et publiée par M. Jules Rolland, frère de l'auteur.
Exemplaire au nom de M. Eugène Paillet.

2679. ROLLAND (Romain). Beethoven. *Paris, Cahiers de la quinzaine*, 1903, in-16, portrait, broché.

Edition originale, numéro de Janvier 1903 des *Cahiers*.

2680. ROLLINAT (Maurice). Les Névroses. Avec un portrait de l'auteur par F. Desmoulin. *Paris, Charpentier*, 1883, in-12, broché.

Edition originale.

2681. ROLLINAT (Maurice). Ruminations, proses d'un solitaire. *Paris, Fasquelle*, 1904, in-12, broché.

Edition originale.
Un des **5** exemplaires imprimés sur **papier de Hollande.**

2682. ROLMER (Lucien). L'Hôtel de Sainte-Agnès et des célibataires, roman. *Paris, Ollendorff*, 1907, in-12, broché.

Edition originale.
Un des **10** exemplaires imprimés sur **papier de Hollande.**

2683. ROQUEPLAN (Nestor). Parisine. *Paris, Hetzel, s. d.* (1869), in-12, broché.

Edition originale.
Un des rares exemplaires imprimés sur **papier de Hollande.**

ROSNY (J.-H.).

2684. Nell Horn de l'armée du Salut, roman de mœurs londoniennes. *Paris, Giraud et Cie*, 1886, in-12, broché.

Edition originale.

2685. Daniel Valgraive. *Paris, Lemerre*, 1891. — Résurrection. *Paris, Plon, s. d.* (1895). Envoi autog, de l'auteur à Robert Scheffer. — L'Aiguille d'or. *Paris, Armand Collin et Cie*, 1899. — Une Reine. *Paris, Plon, s. d.* (1901). — Marthe Baraquin, par J.-H. Rosny, aîné. *Ibid., id., s. d.* (1909). Ens. 5 vol. in 12, brochés.

Editions originales.

2686. Le Bilatéral, mœurs révolutionnaires parisiennes. *Paris, Savine*, 1887, in-12, cartonn. demi-mar. citron, non rogné (*Couvert.*).

Edition originale.
Envoi autographe de l'auteur à Octave Uzanne, sur le faux titre.

2687. Les Corneilles, roman. *Paris, Librairie moderne*, 1888, in-12, broché.

Edition originale.
Un des 8 exemplaires imprimés sur **papier de Hollande.**

2688. Marc Fane, roman parisien. *Paris, Librairie moderne*, 1888, in-12, broché.

Edition originale.
Un des 16 exemplaires imprimés sur **papier de Hollande.**

2689. Les Xipéhuz. *Paris, A. Savine*, 1888, in-8, broché.

Première édition séparée.

2690. L'Autre Femme. *Paris, Léon Chailley*, 1895, in-12, broché.

Edition originale.
Papier de Hollande.

2691. L'Indomptée. *Paris, Chailley*, 1895, in-12, broché.

Edition originale.
Un des 10 exemplaires imprimés sur **papier de Hollande.**

2692. Les Retours du Cœur, roman illustré de cinquante-six gravures d'après H. Vogel. *Paris, Hachette et Cie, s. d.* (1898), in-16 en hauteur, broché.

Edition originale.
Exemplaire imprimé sur **papier de Chine.**

2693. La Fauve, roman (Mœurs de Théâtre). *Paris, Édition de la Revue Blanche,* 1899, in-12, broché.

Edition originale.
Un des **12** exemplaires imprimés sur **papier de Hollande.**

2694. La Luciole, roman. *Paris, Ollendorff,* 1904, in-12, broché.

Edition originale.
Un des **5** exemplaires imprimés sur **papier de Hollande.**

2695. Contre le sort, roman féministe. *Paris, Louis Michaud, s. d.* (1907), in-12, broché.

Edition originale.
Un des **10** exemplaires imprimés sur **papier de Hollande.**

ROSTAND (Edmond).

2696. Deux Romanciers de Provence. Honoré d'Urfé et Emile Zola. Le Roman sentimental et le roman naturaliste. *Marseille,* 1888, in-12, de 52 pages, broché.

Edition originale, très rare, d'un Essai qui a obtenu, à l'Académie de Marseille, le prix du maréchal de Villars.

2697. Les Musardises. Les Songes-Creux. — Poésies diverses. — Le Livre de l'Aimée. *Paris, Lemerre,* 1890, in-12, broché.

Edition originale, rare.

2698. Les Musardises. Edition nouvelle, 1887-1893. *Paris, Fasquelle,* 1911, in-8, broché.

Un des **100** exemplaires imprimés sur **papier du Japon**, auquel on a ajouté :
1° *Une intéressante lettre autographe* d'Edmond Rostand à Catulle Mendès ;
2° Un billet autographe de Madame Rostand à Primice Mendès.

2699. Les Romanesques, comédie en trois actes en vers. *Paris, Char-*

pentier et Fasquelle, 1894, in-12, cartonn. dos et coins de toile bleue, non rogné, couverture (*Carayon*).

Edition originale.

Exemplaire imprimé sur **papier Whatman** ; *envoi autographe* de l'auteur à M. Hartogh, sur le faux titre.

2700. La Princesse lointaine, pièce en quatre actes, en vers. *Paris, Charpentier et Fasquelle,* 1895, in-12, broché.

Edition originale.

2701. Pour la Grèce, vers dits par l'auteur à la matinée de la Renaissance du 11 mars 1897. *Paris, Fasquelle,* 1897, pet. in-8 de 29 pag. et 1 ff. non chiff. oblong, cartonn. dos et coins de mar. orange, fil., non rogné, couverture (*Carayon*).

Edition originale.

Un des **20** exemplaires imprimés sur **papier du Japon.**

2702. Pour la Grèce, vers dits par l'auteur à la matinée de la Renaissance du 11 mars 1897. *Paris, Fasquelle,* 1897, pet. in-8 oblong, broché.

Edition originale.

Dédicace autographe de l'auteur à Mme Henry Fouquier.

2703. La Samaritaine, évangile en trois tableaux, en vers. *Paris, Fasquelle,* 1897, in-8, broché.

Edition originale.

Un des **25** exemplaires imprimés sur **papier du Japon.**

2704. Cyrano de Bergerac, comédie héroïque en cinq actes en vers. *Paris, Fasquelle,* 1898, in-12, broché.

Edition originale.

Un des **50** exemplaires imprimés sur **papier du Japon.**

2705. Matinée de Cyrano de Bergerac du 3 Mars 1898, pet. in-8, broché.

Ce petit volume renferme un *Hommage* (en vers) à Edmond Rostand, par Emile Trolliet, un petit poème d'Edmond Rostand « Aux Elèves du Collège Stanislas », 7 portraits ou figures et des vignettes dans le texte.

2706. L'Aiglon, drame en six actes, en vers. *Paris, Fasquelle,* 1900, pet. in-8, 2 portraits, cartonn. dos et coins de mar. brun, dos orné, non rogné, couverture (*Carayon*).

Edition originale.

Un des **180** exemplaires imprimés sur **papier du Japon.**

2707. Un Soir à Hernani, 28 février 1902. *Paris, Fasquelle,* 1902. plaquette in-12 tirée sur papier in-4, brochée.

EDITION ORIGINALE.
Un des **30** exemplaires imprimés sur **papier du Japon.**

2708. La Journée d'une précieuse. *Paris, Hachette,* 1902, plaquette in-8, fig., brochée.

EDITION ORIGINALE.
Tirage à part à 20 exemplaires des *Lectures pour tous*. On y a ajouté le portrait de Rostand gravé à l'eau-forte par *L. Loevy.*

2709. Discours de réception à l'Académie française. *Paris, Charpentier,* 1903, in-12, broché.

EDITION ORIGINALE.
Un des **20** exemplaires imprimés sur **papier du Japon.**

2710. Le Bois sacré. *S. l.,* 1908, gr. in-4, broché.

EDITION ORIGINALE, publiée par l'*Illustration* ; elle est ornée d'un grand fleuron de *L.-O. Merson* et d'un cul-de-lampe de *L. Sabattier.*
Un des **20** exemplaires sur **papier du Japon.**

2711. Chantecler, pièce en quatre actes, en vers. *Paris, Fasquelle,* 1910, in-8, broché, couverture en cuir estampé.

EDITION ORIGINALE tirée à 1 000 exemplaires sur papier du Japon.

2712. ROSTAND (Madame Edmond). Rosemonde Gérard. Les Pipeaux. *Paris, Lemerre,* 1889, in-12, broché.

EDITION ORIGINALE, rare. Sur le feuillet de garde, *hommage autographe* de l'auteur à Félicien Champsaur.
On y a ajouté *une lettre autographe* de Rosemonde Gérard remerciant Champsaur d'une chronique sur *les Pipeaux* et la lettre de faire part du mariage de M. et Mme E. Rostand.

2713. ROSTAND (Eugène). Ebauches. *Lyon, Scheuring,* 1865. — La seconde page. *Lyon, Louis Perrin,* 1886. Ens. 2 vol. in-12, brochés.

EDITIONS ORIGINALES.

2714. ROSTAND (Maurice). Poèmes. *Paris, Fasquelle,* 1911, in-12, broché.

EDITION ORIGINALE.
Un des **60** exemplaires imprimés sur **papier du Japon.**

2715. ROSTAND (Maurice). Le Page de la vie. *Paris, Fasquelle.* 1913, in-12, broché.

Edition originale.
Un des **60** exemplaires imprimés sur **papier du Japon.**

2716. ROYER (Alphonse). Venezia la bella. *Paris, Renduel,* 1834, 2 vol. in-8, demi-rel. basane rouge, non rognés (*Rel. de l'époque*).

Edition originale.
Frontispice de *Célestin Nanteuil,* gravé à l'eau-forte et tiré sur Chine, à chaque volume.

2717. ROYER (Alphonse) Manoël. *Paris, Ledoux,* 1834, in-8, cartonn. demi-toile verte, non rogné, couverture (*Carayon*).

Edition originale.

2718. ROYER (Alphonse) 24 lettres autographes, signées, d'Alphonse Royer à l'éditeur Renduel.

Correspondance littéraire relative aux ouvrages de Royer : *Venezia la bella, les mauvais garçons, Manoël* et au frontispice de Célestin Nanteuil pour *Venezia la bella.*
On y a joint 8 reçus d'Alphonse Royer à Renduel.

2719. SAINT-POL ROUX. Bouc émissaire. *Paris, s. d.* (1889), plaquette gr. in-8, brochée.

Edition originale.
Exemplaire imprimé sur **papier de Hollande,** auquel on a ajouté **une pièce de vers autographe** de l'auteur : *Le Cygne d'illusions.*
Envoi autographe de ce dernier à Anatole France.
Le nom de l'auteur est imprimé sur cette plaquette : Saint-*Paul* Roux.

2720. SAINT-POL-ROUX. Anciennetés, poèmes. *Paris, Mercure de France,* 1903, in-16, broché.

Edition originale.
On y a ajouté **une pièce de vers autographe** de l'auteur, intitulée *Chanson de Funérailles amoureuses* et un sonnet autographe : *La Pluie purificatrice.*

2721. SAINT-VICTOR (Paul de). Hommes et Dieux, études d'histoire et de littérature, par Paul de Saint-Victor. *Paris, Michel Lévy frères,* 1867, in-8, cartonn. dos et coins de toile rouge, non rogné (*Couvert.*).

Edition originale.

2722. SAINT-VICTOR (Paul de). Les deux masques, tragédie-comédie. *Paris, Calmann Lévy*, 1880-1882, 2 vol. in-8, brochés.

Edition originale.
Sur le faux titre du premier volume, *envoi autographe* de l'auteur à Canivet.

SAINTE-BEUVE (C.-A.).

2723. Vie, poésies et pensées de Joseph Delorme. *Paris, Delangle frères*, 1829, in-16, mar. rouge, encad. de 4 fil., tête dor. non rogné, couverture (*Gruel*).

Edition originale.
Joli exemplaire de la bibliothèque de M. Ed. Taigny.

2724. Lettre autographe, signée, de Sainte Beuve à l'éditeur Ladvocat, 22 octobre 1828, 1 pag. in-8.

Il propose à Ladvocat la publication de *Vie, poésies et pensées de Joseph Delorme*, volume qui fut édité par Delangle frères.

2725. Vie, poésies et pensées de Joseph Delorme. *Paris, Delangle*, 1830, in-8, veau fauve, fil., grande plaque à froid, dos orné, tr. dor. (*Rel. de l'époque*).

Seconde édition contenant cinq pièces nouvelles.

2726. *Le Côteau*, pour mon ami Ulric G... [uttinguer] Poésie autographe de Sainte Beuve, 2 pag. pet. in-4.

Cette poésie non signée et datée du 11 Juin 1829, a été publiée, avec quelques variantes dans la deuxième édition (1830) de *Vie, poésies et pensées de Joseph Delorme*, pag. 231-235.
Petites taches.

2727. Les Consolations, poésies. *Paris, Urbain Canel et Levavasseur*, 1830, in-16, mar. rouge, encad. de 4 filets, tête dor., non rogné, couverture *(Gruel)*.

Edition originale.
Exemplaire de la bibliothèque de M. Ed. Taigny. La couverture est imprimée sur papier gris.

2728. Les Consolations, poésies. *Paris, Urbain Canel et Levavasseur*, 1830, in-16, veau vert, fil., milieu orné, tr. marb.

Edition originale.
Exemplaire dans une reliure de l'époque et portant, sur le faux titre, l'*envoi autographe* suivant de Sainte-Beuve : *à mon excellent ami Alex. Dumas*.

2729. Les Consolations, poésies. *Paris, Urbain Canel et Levavasseur,* 1830, in-16, broché.

EDITION ORIGINALE.

Bel exemplaire dont la couverture est tirée sur papier bleu ; sur le faux titre, *envoi autographe* de Sainte-Beuve à Francisque Michel.

2730. Poésie autographe de Sainte-Beuve, 3 pag. in-4.

Précieuse pièce, c'est la première du recueil *Les Consolations* où elle est intitulée : *A Madame V. H.* (Victor Hugo).

Quelques corrections et une légère variante avec l'imprimé.

2731. Poésie autographe de Sainte-Beuve, 1 pag. 1/2 in-4.

Curieuse pièce, c'est le brouillon ou plutôt les vers jetés hâtivement sur le papier de la poésie V des *Consolations* page 43 *A Madame V. H.* (Hugo).

« *Un nuage a passé sur notre amitié pure.* »

La pièce est couverte de corrections.

2732. Les Consolations, poésies. Deuxième édition. *Paris, Eugène Renduel,* 1835, in-8, mar. rouge, jans., tête dor., non rogné (*Gruel*).

Edition en partie originale.

Exemplaire de la bibliothèque de M. Ed. Taigny.

2733. Critiques et portraits littéraires, par C.-A. Sainte-Beuve. *Paris, Eugène Renduel,* 1832-1839, 5 vol. in-8, cart. papier marbré, non rognés (*Cartonn. de l'époque*).

EDITION ORIGINALE. Le premier volume est de 1832 ; on sait qu'il a été réimprimé en 1836 avec de nombreux changements.

2734. Critiques et portraits litteraires, par C.-A. Sainte-Beuve. *Paris, Raymond Bocquet,* 1841, in-8, dos et coins de mar. rouge, fil., dos orné, tête dor., non rogné, couverture (*Allô*).

Réimpression avec notes, faite en 1836 du premier volume du numéro précédent. Cet exemplaire contient un nouveau titre à la date de 1841. Il est terminé par un *Appendice* qui occupe les pag. 523 à 559, qui ne se trouve pas dans le volume de 1832. Cet appendice est relatif à La Fontaine, Victor Hugo et Casimir Delavigne.

2735. Volupté. *Paris, Renduel,* 1834, 2 vol. in-8, brochés.

EDITION ORIGINALE.

2736. 3 lettres autographes, signées, de Sainte-Beuve, ens. 4 pag. in-8.

Dans deux de ces lettres il est question de *Volupté* et de la collaboration de Sainte-Beuve au *National.*

La troisième lettre, très intéressante, est adressée à Mme Eugénie Niboyet, à Lyon ; Sainte-Beuve regrette vivement de ne pouvoir promettre sa collaboration à une Revue que veut fonder Mme Niboyet, le deuxième volume d'un roman (*Volupté*) lui prenant tout son temps.

2737. Pensées d'Aout, poésies. *Paris. Eugène Renduel*, 1837, in-12, dos et coins de mar. bleu à grains longs, fil., non rogné (*Couvert.*).

Edition originale.

Joli exemplaire ; sur le faux titre, cet *envoi autographe* de Sainte-Beuve :

A Madame Augustin Thierry
Hommage respectueux.
Ste Beuve.

2738. Sonnet autographe, signé, de Sainte-Beuve, daté du 9 octobre 1834, sur une page in-4 obl.

Sonnet de l'*Ave* publié, sans variantes, dans les *Pensées d'Août*, 1837, pag. 85-86.

Belle page provenant d'un album.

2739. **LIVRE D'AMOUR** (1843). Manuscrit pet. in-4, demi-rel. veau rouge, tr. marb. (*Rel. de l'époque*).

Précieux manuscrit qui servit, sans doute, pour l'impression du *Livre d'Amour*, de 1843. Il contient des notes, des additions et corrections de la main de Sainte-Beuve.

La dernière pièce, sonnet commençant ainsi : « Insensé que j'étais... » est entièrement autographe du poète.

On trouve dans ce manuscrit, une pièce de vers *inédite*, portant ici le n° X, en marge de laquelle Sainte-Beuve a écrit ces mots « mauvais, à supprimer ». — Et une sorte d'avant-propos qui ne fut pas imprimé.

En tête du premier feuillet du manuscrit, au-dessus du titre, ces deux mentions mystérieuses écrites d'une main fébrile qui semble être celle d'une femme :

« *Preuve d'amitié et de confiance de lui à moi.*
« *Preuve d'amitié et de reconnaissance de moi à lui.* »

Ce volume est en demi-reliure de l'époque et porte simplement pour titre sur le dos le mot « *Amour* ».

M. Jules Le Petit considérait ce manuscrit comme un des documents les plus intéressants de sa collection. Ce manuscrit d'ailleurs n'a été connu d'aucun des éditeurs de Sainte-Beuve et de Victor Hugo ; il provient d'un intime des familles de Victor Hugo et de Sainte-Beuve et il est passé directement dans cette bibliothèque.

Cachet en cire noire sur le feuillet de garde.

2740. Livre d'amour. *Paris*, 1843, in-12, dos et coins de mar. bleu, fil., non rogné (*Allô*).

Edition originale, non mise dans le commerce et en grande partie détruite par l'auteur.

Ce livre, des plus intéressants, en raison de la personnalité de la femme à laquelle les vers sont adressés, est très recherché.

On a ajouté à cet exemplaire :

1° 2 lettres autographes de Jules Troubat à M. E. Lemaître, toutes deux relatives à Sainte-Beuve ;

2° *Une lettre autographe* de Mme Victor Hugo à Antenor Joly.

3° *Une seconde lettre autographe* de Mme Victor Hugo, écrite de Guernesey et adressée à une femme ;

4° *Une lettre autographe* de Sainte-Beuve à Arsène Houssaye, à propos d'une nouvelle édition de poésies de Victor Hugo. Curieuse lettre de 2 pages in-8.

5° *Une lettre autographe* de Sainte-Beuve à Victor Hugo (du 20 septembre 1833).

6° 2 portraits de Sainte-Beuve dont une photographie.

2741. Livre d'amour. *Paris,* 1843 (Réimpression), in-8, broché.

Cette réimpression, due à M. Pierre Dauze, ne porte pas de nom de l'imprimeur. On lit sur le verso du feuillet de garde la note imprimée suivante :

« Pour satisfaire la curiosité de quelques bibliophiles, ce livre, réimpression de l'édition originale, a été tiré à treize exemplaires numérotés sur papier vélin à la forme des manufactures du Marais, plus un exemplaire sur papier de Chine. Texte et imposition strictement conformes à ceux de l'édition princeps. »

Cet exemplaire est imprimé sur **papier vélin.**

2742. C.-A. Sainte Beuve. Livre d'amour, preface par Jules Troubat. *Paris, A. Durel,* 1904, gr. in-8, broché.

Un des 50 exemplaires imprimés sur **papier du Japon** à la forme. On y a joint les feuilles 15 et 16 réimprimées.

2743. Poésies complètes de Sainte-Beuve. Edition revue et augmentée. *Paris, Charpentier,* 1845. — Livre d'amour. *Paris,* 1843. Ens. 2 ouv. en 1 vol. in-12, veau fauve, fil., dos orné, tr. dor.

Edition originale du *Livre d'amour.*

Exemplaire contenant des *corrections* et *annotations autographes* de Sainte-Beuve.

2744. *Désir,* poésie autographe, signée, de Sainte Beuve, 2 pag. 1/2 in-8.

Belle pièce, publiée, sans variantes, dans les *Poésies complètes,* 1845, pag. 171-173.

2745. Nouvelle Galerie des femmes célèbres, tirée des *Causeries du lundi,* des *portraits littéraires,* etc. par M. Sainte-Beuve. Illustrée de portraits gravés au burin par Régnault, Massard, Nargeot, Geoffroy et Delannoy d'après les dessins de G. Staal. *Paris, Garnier frères*, 1865, gr. in-8, chag. rouge, fil., plaque dorée sur les plats, dos orné, tr. dor.

Reliure des éditeurs, très fraîche.

2746. Monsieur de Talleyrand, par C.-A. Sainte-Beuve. *Paris, Michel Lévy frères*, 1870, in-12, cartonn. demi-vélin, non rogné, couververture (*Lemardeley*).

Edition originale ; rare.

2747. Lettres à la Princesse, par C.-A. Sainte-Beuve. *Paris, Michel Lévy frères*, 1873, in-12, broché.

Edition originale.
Un des quelques exemplaires imprimés sur **papier de Hollande** ; rare.

2748. C.-A. Sainte-Beuve, Le Clou d'or, la Pendule. Avec une préface de M. Jules Troubat. *Paris, Calmann Lévy*, 1880, in-16, broché.

Edition originale.
Exemplaire imprimé sur **papier Whatman.**

2749. Correspondance inédite de Sainte-Beuve avec M. et Mme Juste Olivier. Publiée par Mme Bertrand, introduction et notes de Léon Séché. Avec un portrait de Juste Olivier. *Paris, Mercure de France*, 1904, in-12, broché.

Edition originale.
Un des **12** exemplaires imprimés sur **papier de Hollande**, auquel on a ajouté *un billet autographe* de Sainte-Beuve.

2750. Lettre autographe, signée, de Sainte-Beuve à Adolphe Dumas, 26 septembre 1834, 2 p. 1/3 in-8.

Relative à une visite à Buloz qui a refusé de prendre des vers d'Adolphe Dumas à la *Revue des deux mondes*. Il parle de Ballanche ; de Paris, bien désert et morne de toute nouveauté ; d'un troisième volume, mystérieux que prépare Adolphe Dumas, etc.

2751. Lettre autographe, signée, de Sainte-Beuve, Lausanne, 30 mai (1837), 2 pag. 1/2 in-8.

Curieuse lettre adressée à une femme. Il lui parle de son cours sur Port-Royal à Genève, des bavardages de petits journaux qui annoncent son mariage dans cette ville avec une millionnaire, etc.

2752. Lettre autographe, signée, de Sainte-Beuve au libraire Sylvestre, 3 février 1837, 3 pag. in-8. — Lettre autographe, signée de Sainte-Beuve à l'éditeur Hachette, 25 novembre 1855.

Lettres relatives à l'*Histoire de Port Royal* par Sainte-Beuve. La première, très intéressante, a pour motif les recherches faites par ce dernier pour retrouver le travail inédit de dom Clemencet sur Port Royal. La seconde est relative au projet de conventions pour la première édition du livre de Sainte-Beuve.

On y a joint 4 lettres de L. Hachette relatives à la première et à la seconde éditions de *Port Royal*.

2753. 2 lettres autographes, signées, de Sainte-Beuve à l'éditeur Renduel. Ens. 4 pag. in-8.

Ces deux lettres, non datées, mais d'octobre 1841, sont relatives à *Gaspard de la Nuit* de Louis Bertrand, paru en 1842, à l'édition originale de *Port Royal* et à la *Poésie du XVIe siècle* publiée chez Charpentier.

2754. Sainte-Beuve et ses inconnues, par A.-J. Pons, avec une préface de Sainte-Beuve. *Paris, Ollendorff*, 1879, in-12, broché.

Edition originale.
Exemplaire imprimé sur **papier de Hollande** contenant un *envoi autographe* de l'auteur à M. Jules Le Petit.

2755. Léon Séché. Sainte-Beuve. I Son Esprit, ses idées. II Ses mœurs. *Paris, Mercure de France*, 1904, 2 vol. in-8, portraits, brochés.

Edition originale.
Un des **10** exemplaires imprimés sur **papier de Hollande**.

2756. G. Michaut. Le Livre d'amour de Sainte-Beuve (documents inédits). *Paris, Fortemoing*, 1905, in-12, broché.

Edition originale.
Un des quelques exemplaires imprimés sur **papier de Hollande**.

2757. G. Michaut. Etudes sur Sainte-Beuve. *Paris, Fortemoing*. 1905, in-12, broché.

Edition originale.
Un des quelques exemplaires imprimés sur **papier de Hollande**.

2758. Gustave Simon. Le Roman de Sainte-Beuve. *Paris, Ollendorff*, 1906, in-12, broché.

Edition originale.
Un des **10** exemplaires imprimés sur **papier de Hollande**.

2759. Le Livre d'or de Sainte-Beuve publié à l'occasion du centenaire de sa naissance, 1804-1904. *Paris, Journal des Débats*, 1904, in-4, fig., broché.

2760. SAINTINE. Lettres autographes, signées, de X. B. Saintine, ens. 15 pag. 1/2 in-8 et in-4.

Ensemble très intéressant de lettres littéraires écrites de 1834 à 1864; elles sont adressées à Carmouche, Mahérault, Nazac et autres.

Une très jolie lettre, écrite à une femme, est relative à *Picciola*.

Dans une autre, Saintine donne la nomenclature complète de tous ses ouvrages. La première lettre, datée de 1834, est relative à une pièce *Walstein*, écrite par Saintine en collaboration avec Carmouche.

2761. SAINTINE. *Le Doute, rêverie (fragment)*, poésie autographe de Saintine, 2 pag. 1/2 in-4.

Belle pièce, signée.

2762. SAINTS EVANGILES (Les), traduits de la Vulgate par l'abbé Dassance, illustrés par Tony Johannot, Cavelier, Gérard-Séguin et Brevière. *Paris, Curmer*, 1836, 2 vol. gr. in-8, texte encadré de bordures gravées sur bois, mar. violet foncé, fil. dorés et dent. à froid, plats ornés d'une grande plaque à froid à la cathédrale, dos orné, tr. dor. (*Rel. de l'époque*).

Premier tirage.

Exemplaire dont les fleurons et les initiales ont été enluminés avec soin.

SAMAIN (Albert).

2763. Au Jardin de l'Infante. *Paris, Mercure de France*, 1893, in-12, mar. bleu foncé, jans., 7 filets int., tr. dor. sur témoins, couverture, étui (*Canape*).

Edition originale.

Un des 20 exemplaires imprimés sur **papier de Hollande**.

2764. Au Jardin de l'Infante. *Paris, Mercure de France*, 1893, in-12, dos et coins de mar. vert, fil., dos orné, tête dor., couverture (*Canape*).

Edition originale.

2765. Aux Flancs du Vase. *Paris, Mercure de France*, 1898, pet. in-8, dos et coins de mar. grenat, dos orné, tête dor., non rogné, couverture (*Canape*).

Edition originale.

Sur le faux titre :

à Hugues Rebell
Ces petites médailles pour que
Nichina s'en fasse un bracelet.
Albert Samain.
Décembre 1898.

2766. Aux Flancs du Vase, suivi de Polyphème et de poèmes inachevés. *Paris, Mercure de France,* 1902, in-12, en feuilles dans une couverture.

ÉDITION EN PARTIE ORIGINALE.
Un des 3 exemplaires imprimés sur **papier de Chine.**

2767. Aux Flancs du Vase, suivi de Polyphème et de poèmes inachevés. *Paris, Mercure de France,* 1902, in-12, broché.

ÉDITION EN PARTIE ORIGINALE.
Un des 19 exemplaires imprimés sur **papier de Hollande.**

2768. Le Chariot d'or, *Paris, Mercure de France,* 1901, in-12, broché.

ÉDITION ORIGINALE.
Un des 9 exemplaires imprimés sur **papier du Japon.**

2769. Le Chariot d'or. *Paris, Mercure de France,* 1901, in-12, broché.

ÉDITION ORIGINALE.
Un des 29 exemplaires imprimés sur **papier de Hollande.**

2770. Contes : Xanthis, Divine Bontemps, Hyalis, Rovère et Angisèle. *Paris, Mercure de France,* 1902, in-12 en feuilles, dans une couvert.

ÉDITION ORIGINALE.
Un des 4 exemplaires imprimés sur **papier de Chine** ; couverture mauve.

2771. Contes : Xanthis, Divine Bontemps, Hyalis, Rovère et Angisèle. *Paris, Mercure de France,* 1902, in-12, broché.

ÉDITION ORIGINALE.
Un des 20 exemplaires imprimés sur **papier de Hollande.**

2772. Alfred Jarry. Albert Samain (souvenirs). *Paris, Lemasle,* 1907, in-12 de 29 pag., broché.

Un des 20 exemplaires imprimés sur **papier du Japon.**

SAND (George).

2773. Rose et Blanche, ou la comédienne et la religieuse, par J. (*sic*) Sand. *Paris, B. Renault,* 1831, 5 vol. in-12, brochés.

ÉDITION ORIGINALE, fort rare, du premier roman de George Sand. Les titres sont ornés d'une vignette de *Lorentz*, gravée sur bois, répétée sur les couvertures. M. Vicaire n'a pu rencontrer d'exemplaire de ce roman, possédant les couvertures.

Le faux titre, le titre et le dernier feuillet du troisième volume, qui manquaient, ont été pris à un exemplaire beaucoup plus court.

2774. Le Secrétaire intime, par George Sand. *Paris, Revue des deux mondes, Victor Magen*, 1834, 2 vol. in-8, demi-rel. veau rose, tr. marb. (*Rel. de l'époque*).

Edition originale.

2775. Jacques. *Paris, Félix Bonnaire*, 1834, 2 vol. in-8, dos et coins de mar. vert, tr. jasp. (*Rel. de l'époque*).

Edition originale.

2776. Complainte sur la mort de François Luneau, dit Michaud, dédié à M. Eugène Delacroix, peintre en batimens, très connu à Paris. (A la fin) : *La Châtre, imp. de P. M. Arnault, s. d.* (1834), in-8 de 8 pag., cartonn. demi-toile bleue, non rogné.

Edition originale, très rare, de cette complainte dont les auteurs : Rozanne, Fleury, Rolinat, Duteil, George Sand sont indiqués dans le dernier couplet.

2777. Œuvres complètes de George Sand. *Paris, Bonnaire*, 1837-1839, 22 vol. in-8, dos et coins de mar. vert, orange ou rouge, tête dor., tr. marb. (*Duru*).

Ce sont les 22 premiers volumes de cette édition qui en comprend 27. Les divers romans sont reliés de couleur différente, mais tous les volumes sont exactement de même grandeur.

Indiana, 1838, 2 vol. — *Valentine*, 1838, 2 vol. — *Lelia*, seconde édition, 1839, 3 vol. — *Le Secrétaire intime*, 1837 — *André*, 1837. — *La Marquise, Lavinia, Metella, Mattea*, 1837 (Edit. en partie originale). — *Jacques*, 1837, 2 vol. — *Leone Leoni*, 1837. — *Simon*, 1837. — *Lettres d'un voyageur*, 1837, 2 vol. — *Mauprat*, 1837, 2 vol. — *La dernière Aldini*, 1838. — *Les Maitres mosaïstes*, 1838. — *L'Uscoque*, 1838. — *Spiridion*, 1839.

Les six derniers ouvrages sont en éditions originales.

De la bibliothèque de Jules Janin.

2778. Lettres d'un voyageur. *Paris, Félix Bonnaire*, 1837, 2 vol. in-8, portrait ajouté, mar. bleu, jans., tête dor., non rognés, couvertures (*Joly*).

Edition originale.

Bel exemplaire relié sur brochure.

2779. L'Uscoque. *Paris, Félix Bonnaire*, 1838, in-8, broché.

Edition originale.

2780. Gabriel. *Paris, Félix Bonnaire*, 1840, in-8, broché.

Edition originale.
Exemplaire non coupé.

2781. Cosima ou la haine dans l'amour, drame en cinq actes, précédé d'un prologue. *Paris, Bonnaire*, 1840, in-8, cartonn. demi-toile verte, non rogné, couverture (*Carayon*).

Edition originale.

2782. Un Hiver dans le midi de l'Europe. *Bruxelles, Société belge de librairie, Hauman et Cie*, 1841, in-18, broché.

Première édition en librairie. La première édition française est de 1842, chez H. Souverain.
On y a ajouté *une belle lettre autographe* de George Sand de 6 pag., signée George et Cie, relative au volume.

2783. Pauline. *Paris, Magen et Comon*, 1841, in-8, broché.

Edition originale.
La couverture est fatiguée.

2784. Fanchette, Lettre de Blaise Bonnin à Claude Germain. *Paris, Revue indépendante*, 1843, in-8, de 31 pag., broché.

Tirage à part des livraisons des 25 octobre et 25 novembre 1843 de la *Revue indépendante*. La couverture sert de titre et porte le nom de George Sand.
Edition originale, très rare, qui se vendait au profit de Fanchette, suivant l'indication qui se trouve sur la couverture. Fanchette était une jeune fille idiote abandonnée par l'hospice de La Châtre.

2785. La Politique et le Socialisme. — Lettre d'un paysan de la Vallée-noire aux rédacteurs de l'*Eclaireur*. — Par George Sand. *Orléans, imprimerie de Dagnicourt et Pagnerre*, 1845, in-8, de 43 pag., broché.

Brochure fort rare contenant deux articles parus dans l'*Eclaireur de l'Indre* en octobre et novembre 1844.
Le premier est signé George Sand et le second Blaise Bonnin. La couverture sert de titre.
M. Vicaire n'a pu rencontrer cette brochure qui n'est pas à la Bibliothèque nationale.

2786. La Mare au Diable. *Paris, Desessart*, 1846, 2 vol. in-8, cartonn. demi-mar. brun, non rognés, couverture (*Lemardeley*).

Edition originale.
La couverture du second volume est de la deuxième édition.

2787. La Mare au Diable. *Paris, Lecou,* 1850, in-12, portrait, broché.

Première édition de ce format.

2788. La Cause du peuple, par George Sand. *Paris, chez Paulin et Lechevallier,* 1848, 3 numéros en 48 pag. à 2 col. — Le Salut public (rédacteurs-propriétaires : Champfleury, Baudelaire et Toubin). 1848, 2 numéros. En 1 vol. in-4, dos et coins de mar. rouge, tête dor.

Exemplaire de la bibliothèque Noilly auquel on a ajouté un portrait lithographié de George Sand, habillé en homme.

Ce sont les seuls numéros publiés de ces deux journaux dont le second est très recherché.

2789. Lettres au peuple, par George Sand. Deuxième lettre, aujourd'hui et demain (à la fin) : *Librairie Hetzel.* Cette lettre est datée du 19 Mars 1848, 8 pag. — Aux Riches (signé George Sand et daté de 12 Mars 1848). A la fin : *La Châtre, typ. de A. Arnault,* 7 pag. — Un Mot à la classe moyenne, par George Sand. (A la fin) : [*Orléans*] *Imp. Pagnerre s*[r] *de Danicourt* (1848), 4 pag. — Ens. 3 pièces en feuilles.

Editions originales pour les deux dernières pièces dont la seconde est un tirage à part d'un article paru dans le *Journal du Loiret.*

2790. Lettre autographe (signée George) de George Sand à un ami, 14 Mars 1848, 1 pag. 1/2 in-8.

Curieuse lettre relative aux *Lettres au peuple* dont George Sand envoie un exemplaire en priant son ami de les faire réimprimer à Lyon.

On y a ajouté une lettre autographe de Victor Borie, collaborateur de George Sand ; lettre relative également aux *Lettres au peuple* et à un article de l'*Illustration* contre George Sand.

2791. La petite Fadette. *Paris, Michel Lévy frères,* 1849, 2 vol. in-8, cartonn. demi-chag. brun, non rognés.

Edition originale.

2792. Théâtre, réunion de 11 pièces in-12, brochées.

François le Champi, comédie, 1849. — Molière, drame, 1851. — Claudie, drame, 1851. — Le Pressoir, drame, 1853 (*Envoi autog.* sur le faux titre). — Flaminio, comédie, 1854. — Maitre Favilla, drame, 1855. — Lucie, comédie, 1856. — Le Pavé, comédie, 1862. — Les beaux Messieurs de Bois-doré, drame (en collab. avec Paul Meurice), 1862 (*Envoi autog.* de P. Meurice à Edouard Fournier sur le faux titre). — Le Lis du Japon, comédie, 1866. — Cadio, drame (en collab. avec P. Meurice), 1868.

Editions originales.

2793. Histoire du véritable Gribouille, vignettes par Maurice Sand, gravures de Delaville. *Paris, Blanchard,* 1851, pet. in-8, toile brune avec plaque dor., tr. dor. (*Cartonn. de l'éditeur*).

Edition originale.

2794. Claudie, drame en trois actes et en prose. *Paris, Librairie théâtrale,* 1851, in-12, broché.

Edition originale.
Un des rares exemplaires imprimés sur **papier rose.**

2795. Molière, drame en quatre actes. *Paris, Librairie théâtrale,* 1851, in-12, broché.

Edition originale.
On y a ajouté *4 pag. in-8 autographes* de George Sand, écrites sur papier à ses initiales, contenant un fragment qui n'a pas été imprimé dans *Molière.* Scène entre Molière et personnages de sa troupe, autres que ceux de la pièce imprimée.

2796. La Marquise, par George Sand. *Paris, Collection Hetzel, Blanchard,* 1853, in-18, broché.

Première édition séparée, suivie de *La Fauvette du docteur*, par le même auteur.

2797. Les Maitres sonneurs. *Paris, Alexandre Cadot,* 1854, 4 vol. in-8, brochés.

Exemplaire neuf ; la couverture du premier volume est datée de 1855.

2798. Les beaux Messieurs de Bois-doré. *Paris, Alexandre Cadot,* 1859, 5 vol. in-8, brochés.

Première édition de 1858 avec de nouveaux titres et couvertures à la date de 1859.
Exemplaire non coupé.

2799. Œuvres choisies. *Paris, Michel Lévy frères,* 1861-1863, 5 vol. in-12, brochés.

La Ville noire, 1861. — Valvèdre, 1861. — Tamario, 1862. — Antonia, 1863. — Mademoiselle de La Quintinie, 1863.
Editions originales.

2800. Impressions littéraires. *Paris, Collection Hetzel, s. d.* (1862), in-12, broché.

Edition en partie originale.
Un des quelques exemplaires imprimés sur **papier de Hollande** dont le

faux titre, le titre et la couverture (imprimée sur papier vert) sont conformes au titre courant du volume : *Impressions littéraires*.

Dans le tirage sur papier ordinaire, la couverture, le faux titre et le titre portent comme texte : *Souvenirs et impressions littéraires*.

2801. Le Marquis de Villemer, comédie en quatre actes, en prose. *Paris, Michel Lévy frères*, 1864, in-8, dos et coins de mar. vert foncé, dos orné, tête dor., non rogné, couverture (*David*).

Edition originale.

2802. Correspondance, 1812-1876. *Paris, Calmann Lévy*, 1882-1884, 6 vol. in-12, brochés.

Edition originale.

2803. Lettres à Alfred de Musset et à Sainte-Beuve, introduction de S. Rocheblave. *Paris, Calmann Lévy*, 1897, in-12, broché.

Edition originale.
Un des 30 exemplaires imprimés sur **papier de Hollande**.

2804. Souvenirs et idées, ouvrage posthume. *Paris, Calmann-Lévy, s. d.* (1904), in-12, broché.

Edition originale.
Un des 30 exemplaires imprimés sur **papier de Hollande**.

2805. Correspondance de George Sand et d'Alfred de Musset publiée intégralement et pour la première fois d'après les manuscrits originaux par Felix Decori, avec dessins d'Alfred de Musset et fac-similés d'autographes. *Bruxelles, Deman*, 1904, in-8, broché.

Un des 50 exemplaires imprimés sur **papier de Hollande**.

2806. Manuscrit autographe, signé, de George Sand, 5 pag. 1/2 in-8.

Préface de la pièce tirée de son roman *Teverino* qu'elle fit représenter au Gymnase.

2807. *Le Toast*, manuscrit autographe, signé, de George Sand, 7 pag. in-8.

Manuscrit avec ratures et corrections publié dans les *Soirées populaires de Paris*, 1832.

2808. Lettre autographe, signée, de George Sand à M. Caron. Nohant, 26 Janvier 1823, 2 pag. in-8.

Jolie lettre intime de la jeunesse de George Sand, signée *Aurore*, dont la troisième page est occupée par un long post-scriptum de Dudevant, mari de George Sand.

Curieux cachet en cire : Un amour, une lettre à la main, avec cette légende : *C'est de Nohant.*

2809. 4 lettres autographes, signées, de George Sand, relative à ses ouvrages.

Lettre, non datée, à M. Charlier. Relative à un article sur *Lelia* à publier dans le *Journal des Débats.*

Lettre du 18 mars 1847 à M. Vialat. Relative à un tirage de *La Mare au diable* à trois ex. sur vélin ou sur Chine.

Lettre du 20 avril 1853, à M. Giraud. Relative à la propriété de ses romans.

Lettre du 28 juillet 1864. Sur des erreurs à corriger dans *Indiana.*

2810. Lettre autographe, signée, d'Edouard Plouvier (à Vitu), 18 Mai 1850, 4 pag. in-8.

Très vive et intéressante lettre relative à la conduite indigne du Comité de la Société des gens de lettres à l'égard de George Sand.

On y a joint une lettre de George Sand (20 mars 1844) dans laquelle elle donne sa démission de membre de cette société.

2811. Lettre autographe, signée, de Georges Sand à Victor Borie (26 septembre 1854), 2 pag. 1/2 in-8 et enveloppe.

Lettre intéressante relative à la distribution de rôles dans une pièce qu'elle destine au Théâtre français.

2812. 11 lettres autographes, signées, de George Sand à Edouard Plouvier et à sa femme, ens. 20 pag. in-8 et in-16.

Ces lettres écrites de 1855 à 1860 sont relatives aux poésies et au théâtre de Plouvier, aux rôles remplis au théâtre par Mme E. Plouvier. Dans l'une, G. Sand parle de la maladie de sa fille.

Jolie correspondance intime.

2813. Lettre autographe, signée, de George Sand au directeur du théâtre Saint Marcel, Nohant, 8 août 1859, 2 p. 2/3 in-8.

Intéressante lettre dans laquelle George Sand expose les raisons qui l'empêchent de faire une pièce pour le théâtre Saint Marcel.

2814. Lettre autographe, signée, de George Sand, 4 janvier 1860, 3 pag. 1/2 in-8.

Belle lettre relative au théâtre ; elle se plaint vivement d'un directeur de théâtre, de l'influence de Scribe, elle aspire à sortir de cette galère.

2815. Lettres sur l'amour adressées à Madame A. D., par C. R.

Paris, Maison, 1837, in-8, dos et coins de mar. brun, fil.. non rogné.

Livre très rare ; ces lettres sont adressées à George Sand (Aurore Dudevant).

Frontispice de *Desenne,* gravé par *De Villiers,* AVANT lettre et 10 petites vignettes d'*Alfred* et *Tony Johannot,* épreuves sur Chine, ajoutés.

SANDEAU (Jules).

2816. Madame de Sommerville, suivie de Un Jour sans lendemain. *Paris, Werdet,* 1839, 2 vol. in-12, demi-rel. mar. citron à longs grains, tête dor., non rognés, couvertures (*Champs*).

Troisième édition.
Sur le faux titre du premier volume :

A mon excellent ami
Alph. Baudot
JULES SANDEAU.

2817. Arsène Houssaye et Jules Sandeau. Marie. *Paris, Desessart,* 1843, in-8, broché.

EDITION ORIGINALE.

2818. Vaillance et Richard. *Paris, Charles Gosselin,* 1843, in-8, broché.

EDITION EN PARTIE ORIGINALE.
Le Concert des pauvres qui termine le volume paraît ici pour la première fois.

2819. Mademoiselle de Kérouare, par Jules Sandeau et Arsène Houssaye. *Paris, Victor Magen,* 1843, in-8, cartonn. dos et coins de toile grise, non rogné, couverture (*Champs*).

EDITION ORIGINALE.

2820. Valcreuse. *Paris, Desessart,* 1847, 3 vol. in-8, demi-rel. mar. citron à longs grains, dos orné de filets à froid, tête dor., non rognés, couvertures (*Champs*).

EDITION ORIGINALE.
Exemplaire Hénin.

2821. Mademoiselle de la Seiglière. *Paris, Michel Lévy frères,* 1847, 2 vol. in-8, brochés.

EDITION ORIGINALE.
Bel exemplaire.

2822. La Chasse au roman. *Paris, Michel Lévy frères*, 1849, 2 vol. in-8, brochés.

EDITION ORIGINALE.
Bel exemplaire non coupé.

2823. Le Jour sans lendemain. *Paris, Michel Lévy frères*, 1853, in-16, demi-rel. mar. citron à longs grains, tête dor., non rogné, couverture (*Champs*).

Première édition séparée.

2824. Olivier (et le Concert des pauvres). *Paris, Michel Lévy frères*, 1854, in-16, demi-rel. mar. citron à longs grains, tête dor., non rogné, couverture (*Champs*).

EDITION ORIGINALE d'*Olivier*.

2825. Un Début dans la magistrature. *Paris, Michel Lévy frères*, 1863, in-12, faux titre et titre, 292 pag., 2 ff. non chiff. et catalogue Michel Lévy daté de décembre 1862, broché.

EDITION ORIGINALE ; la couverture porte la date de 1862.
Sur le faux titre :

à M. Schutzenberger
son vieux (sic) *ami*
JULES SANDEAU.

2826. 2 pièces autographes signées de Jules Sandeau, 4 pag. in-4.

1° *Dévouement de Bisson*, petit poème écrit par Jules Sandeau et son ami Auguste Mélin étant élèves au collège de Bourges.
Curieuse pièce.
2° Morceau littéraire, sur la perte des êtres aimés, vraisemblablement écrit pour un amateur.

2827. 2 lettres autographes, signées, de Jules Sandeau, 3 pag. in-8.

Belle lettre relative à l'article d'Alfred Asseline, dans l'*Artiste*, sur le roman de Sandeau *Fernand*.
Lettre à son ami de Molènes sur la candidature de ce dernier à l'Académie.

2828. SARCEY (Francisque). Gare à vos yeux!!, sages conseils donnés par un myope à ses confrères. *Paris, Ollendorff*, 1884, in-16, broché.

EDITION ORIGINALE.
Hommage autographe de l'auteur à Hector Pessard.
On a ajouté à l'exemplaire *un billet autographe* de Sarcey, son portrait et son ex-libris.

2829. SARCEY (Francisque). Quarante ans de théâtre (feuilletons dramatiques). *Paris, Bibliothèque des Annales politiques et littéraires,* 1900-1901, 4 vol. in-12, brochés.

Molière et la comédie classique. — La Comédie-française, Souvenirs et lois du théâtre. — Victorien Sardou, Meilhac et Halévy, etc. — Emile Augier, O. Feuillet, etc.

Edition originale.

Exemplaire d'Henry Fouquier, un des 50 imprimés sur **papier de Hollande.**

SARDOU (Victorien).

2830. Rabagas, comédie en cinq actes, en prose, par Victorien Sardou. *Paris, Michel Lévy frères,* 1872, in-8, cartonn. dos et coins de mar. bleu, non rogné, couverture. (*Champs*).

Un des quelques exemplaires imprimés sur **papier vélin fort.**

2831. Victorien Sardou. La Sorcière, drame en cinq actes. *Paris, Calmann-Lévy, s. d.* (1904), in-8, broché.

Edition originale.

Edition spéciale, in-8, tirée sur **papier de Hollande** à 50 exemplaires.

2832. Pièces dramatiques de Victorien Sardou publiées par Michel Lévy frères de 1859 à 1867 ; réunion de 10 pièces in-12 dont une cartonn. et les autres brochées.

Les premières armes de Figaro, pièce en trois actes. *Paris, Librairie théatrale,* 1859. En collaboration avec Vanderbuch. — Les Femmes fortes, comédie, 1861. — L'Écureuil, comédie, 1861. — Piccolino, comédie, 1861. — La Perle noire, comédie, 1862. — Les Prés Saint-Gervais, comédie, 1862. — Les Ganaches, comédie, 1863. — Les Diables noirs, drame, 1864. — Les Vieux garçons, comédie, 1865. — Maison neuve, comédie, 1867.

Editions originales.

2833. La Famille Benoiton, comédie en cinq actes en prose. *Paris, Michel Lévy frères,* 1866, in-12, broché.

Edition originale.

2834. Patrie! drame historique en cinq actes, en huit tableaux, par Victorien Sardou. Nouvelle édition conforme à la représentation de la Comédie française. *Paris, Calmann-Lévy, s. d.*, in-8, papier de Hollande, mar. brun. fil., dos orné, doublé de mar. bleu clair, fil., coins ornés de lauriers et d'un petit trophée militaire, tête dor., non rogné, étui (*Dodé*).

Edition tirée spécialement pour M. Victorien Sardou, à 25 exemplaires, tous numérotés.

Sur le feuillet de garde :

A mon cher confrère et ami
Gustave Larroumet, hommage
affectueux et reconnaissant
VICT. SARDOU.

2835. Lettre autographe, signée, de Victorien Sardou à M. Achille Vogue, 26 Mars 1868, accompagnant une page in-4, fragment d'une des comédies de Sardou, destiné à être placé dans un album.

On y a joint 2 autres lettres autographes de V. Sardou; la première, 3 pag. in-8, est relative à la reprise des *Bons villageois*.

La seconde est adressée à Mary Lafon et datée du 18 Août 1877.

2836. SAVARY DE LANCOSME-BRÈVES (Cte de). La Vérité à cheval. Dessins d'Eugène Giraud et de Ph. Ledieu, gravés par Gagnon. *Paris, Ledoyen*, 1843, gr. in-8, broché.

EDITION ORIGINALE.

2837. SAVIGNON (André). Filles de la pluie (scènes de la vie ouessantine). *Paris, Grasset*, 1912, broché.

EDITION ORIGINALE.

Un des **10** exemplaires imprimés sur **papier du Japon.**

2838. SCÈNES de la vie privée et publique des animaux vignettes par Grandville. Etudes de mœurs contemporaines publiées sous la direction de M. P.-J. Stahl, avec la collaboration de Messieurs de Balzac, E. de la Bedollierre, J. Janin, Charles Nodier, George Sand, Alfred de Musset, etc. *Paris, J. Hetzel*, 1842, 2 vol. gr. in-8, chag. violet, fil., fers spéciaux sur les plats et les dos, tr. dor.

PREMIER TIRAGE.

Reliure de l'éditeur, très fraîche.

2839. SCHOLL (Aurélien). Lettres à mon domestique. *Paris, Dentu*, 1854, in-18. — La Foire aux artistes, petites comédies parisiennes. *Paris, Poulet-Malassis et De Broise*, 1858, in-16. — Ens. 2 vol., brochés.

ÉDITIONS ORIGINALES.

Envoi autographe de l'auteur sur le faux titre de chaque volume.

2840. SCHOLL (Aurélien). Lettre autographe, signée, d'Aurélien Scholl (à Albert Millaud), 3 pag. in-8.

Intéressante lettre relative aux diverses éditions de *Denise*.

SCHWOB (Marcel).

2841. Mimes. *Paris, Mercure de France*, 1893, pet. in-8 carré, broché.

Edition originale, fac-simile du manuscrit de l'auteur; elle a été tirée à 25 exemplaires dont 10 hors de commerce. Celui-ci est un des **12** sur **papier de Hollande**.

On y a ajouté :

1° *Une lettre autographe* de l'auteur à M. Fénéon;

2° *Une lettre autographe* de Madame Moréno-Schwob au même;

3° Le **manuscrit autographe** d'une des pièces des *Mimes*, intitulée : *Les petits poissons rouges dans leur bocal.*

2842. Mimes, avec un Prologue et un Epilogue. *Paris, Mercure de France*, 1894, pet. in-16, broché.

Un des **20** exemplaires imprimés sur **papier du Japon**.

2843. Moll Flanders. Traduit de l'anglais de Daniel de Foe. *Paris, Ollendorff*, 1895, in-12, broché.

Edition originale.

Un des **6** exemplaires imprimés sur **papier de Hollande**.

Envoi autographe de l'auteur à Philippe Gille, sur le faux titre.

2844. Vies imaginaires. *Paris, Charpentier et Fasquelle*, 1896, in-12, broché.

Edition originale.

Un des **10** exemplaires imprimés sur **papier de Hollande**.

Sur le faux titre :

au docteur Joseph Charles Mardrus
en souvenir de profonde et affectueuse
communion intellectuelle.
Paris, septembre 1898.
Marcel Schwob.

2845. Spicilège. — François Villon. — Saint-Julien l'Hospitalier. — Plangôn et Bacchis. — Dialogues sur l'amour, l'art et l'anarchie. *Paris, Mercure de France*, 1896, in-12, broché.

Edition originale.

2846. La Croisade des enfants. *Paris, Mercure de France*, 1896, in-16, demi-rel. chag. rouge, non rogné (*Couvert.*).

Un des **5** exemplaires, réservés, imprimés sur **papier de Chine**.

On y a ajouté une *lettre autographe* de l'auteur, relative à la couverture du livre.

2847. La Croisade des enfants. *Paris, Mercure de France,* 1896, in-16, broché.

EDITION ORIGINALE.
Un des 10 exemplaires imprimés sur **papier du Japon.**

2848. La Lampe de Psyché. Mimes. La Croisade des enfants. L'Etoile de bois. Le Livre de Monelle. *Paris, Mercure de France,* 1903, in-12, broché.

Un des 7 exemplaires imprimés sur **papier de Hollande.**

2849. SECOND (Albéric). Contes sans prétention. *Paris, Victor Lecou,* 1854, in-12 dos et coins de mar. grenat, foncé, dos orné, tête dor., non rogné (*Couvert.*).

EDITION ORIGINALE.
Sur le faux titre :

à mon ami Alphonse d'Ennery,
avec le désir de devenir son
collaborateur
ALBÉRIC SECOND.

SÉGALAS (Mme Anaïs).

2850. Les Oiseaux de passage, poësies par Mme Anaïs Ségalas. *Paris, Moutardier,* 1837, in-8, dos et coins de mar. bleu, filets, tête dor. ébarbé, couverture illust. (*Bertrand*).

EDITION ORIGINALE.
5 figures gravées sur acier et vignettes gravées sur bois dans le texte.

2851. Enfantines, poésies à ma fille par Mme Anaïs Ségalas. Cinquième édition. *Paris, Vve Louis Janet et Magnin, s. d.* — Nos bons parisiens, poésies par Mme Anaïs Ségalas. Deuxième édition. *Paris, Magnin, Blanchard et Cie,* 1865. — La Vie de feu, par Anaïs Ségalas. *Paris, Dentu,* 1875. — Ens. 3 vol. in-12, dos et coins de mar., filets, tête dor., non rognés.

Envoi autographe de l'auteur à chaque volume.

2852. Le Miroir du Diable. In-4, manuscrit de 33 pag., cartonn. demi-toile bleue.

Manuscrit autographe d'un proverbe en prose, mêlé de couplets, représenté à la Salle Hertz en mars 1856.

2853. *La petite fille.* — *Bertile.* — *Les Contes de Perrault.* — *Les cinq sens,* poésies autographes signées de Mme Anaïs Ségalas. Ens. 13 pag. 1/2 in-8 et in-4.

2854. Lettre autographe, signée, de Mme Anaïs Ségalas à M. Jules Lefèvre Deumier, 23 Janvier 1852, 3 pag. in-8.

Belle lettre; elle le félicite pour les vers qu'il publie sous le nom de Jules Lefèvre. Elle le prie de remettre à l'Empereur sa demande comme lectrice de l'Impératrice et l'entretient longuement à ce sujet.

2855. 4 lettres autographes, signées, de Mme Anaïs Ségalas à Paul Foucher, 1853-1866. Ens. 6 pag. in-8.

Lettres littéraires dont deux, 6 et 9 octobre 1866, sont relatives à son volume de poésies *Nos bons parisiens.* Les deux autres sont relatives, la première, à une représentation du proverbe d'Alfred de Musset. *Il faut qu'une porte soit ouverte ou fermée,* donnée chez Arago et dans laquelle Mme A. Ségalas remplissait un rôle. La seconde, du 5 Avril 1853, complimente chaudement Paul Foucher pour le succès qu'il vient de remporter avec une pièce.

2856. SÉGUR (Vte J. A. de). Les Femmes, leur condition et leur influence dans l'ordre social chez différens peuples anciens et modernes. Nouvelle édition augmentée de l'influence des femmes sous l'Empire, et de notes historiques, par M. Ch. N*** (Nodier). *Paris, Raymond,* 1820, 2 vol. in-8, fig. de Chasselat, mar. orange, filet doré, dent. à froid, milieu orné d'un grand motif doré, dos orné, tr. dor. (*Thouvenin*).

Bel exemplaire de Pixérecourt imprimé sur **papier vélin** ; il contient les figures en épreuves AVANT la lettre.
Excellente reliure, très fraîche.

2857. SIENKIEWICZ (Henryk). Quo Vadis, roman des temps néroniens, traduction de B. Kozaniewicz et J.-L. de Janasz. *Paris, Revue blanche,* 1900, in-12, broché.

EDITION ORIGINALE de cette traduction.
Un des **35** exemplaires imprimés sur **papier de Hollande** ;

2858. SIENKIEWICZ (Henryk). Suivons-Le!, illustrations de Jan Styka. Traduction et introduction par E. Halpérine-Kaminsky. *Paris, Flammarion, s. d.* (1901), in-12, broché.

EDITION ORIGINALE de cette traduction.
Un des **10** exemplaires imprimés sur **papier du Japon.**

SILVESTRE (Armand).

2859. Rimes jeunes et vieilles, avec une préface de George Sand. *Paris, Dentu*, 1866, in-12, broché.

Edition originale du premier ouvrage d'Armand Silvestre.

2860. Poésies, 1866-1874. *Paris, Charpentier*, 1875 (*Envoi d'auteur à Octave Mirbeau*). — Les Ailes d'or, poésies nouvelles, 1878-1880. *Ibid. id.*, 1880 (*Envoi d'auteur à M. Hippolyte Fournier*). — Le Pays des roses, poésies nouvelles, 1880-1882. *Ibid. id.*, 1882 (*Envoi d'auteur à M. Régnier*). — Ens. 3 vol., les 2 premiers brochés et le troisième cartonné.

Editions originales.

2861. Les Renaissances. *Paris, Lemerre*, 1870, in-12, cartonn. en étoffe brochée, tête dor., non rogné (*Couvert.*).

Edition originale.
Un des 5 exemplaires imprimés sur **papier de Chine**.
Exemplaire contenant **une belle pièce de vers** et *une lettre autographes*, l'une et l'autre adressées à Philippe Burty. La pièce de vers : *Les Immortels* fait partie du volume.

2862. La Chanson des heures, poésies nouvelles (1874-1878). *Paris, Charpentier*, 1878, in-12, cartonn. dos et coins de toile brune, non rogné (*Couvert.*).

Edition originale.
Un des 35 exemplaires imprimés sur **papier de Hollande**.

2863. Le Chemin des étoiles. *Paris, Charpentier et Cie*, 1885, in-12, dos et coins de mar. bleu, fil., dos orné, tête dor., non rogné, couverture (*Champs*).

Edition originale.
Un des 5 exemplaires imprimés sur **papier de Chine**.

2864. Grisélidis, mystère en trois actes, un prologue et un épilogue en vers libres (en collaboration avec Eugène Morand). *Paris, Kolb*, 1891, in-8. — Sapho, drame en un acte et en vers. *Paris, Ollendorff*, 1893, in-12. — Ens. 2 pièces, brochées.

Editions originales.

2865. Les Aurores lointaines, poésies nouvelles, 1892-1895. *Paris,*

Charpentier et Fasquelle, 1896, in-12, portrait ajouté, dos et coins de mar. orange, fil., dos orné, tête dor., non rogné (*Canape*).

Edition originale.
Un des 5 exemplaires imprimés sur **papier de Chine**.

2866. *Catulle Mendès*, 3 pag. in-8. — *A Rodin*, sonnet autographe.

Article autographe, d'A. Silvestre à l'occasion de la nomination de C. Mendès comme chevalier de la Légion d'honneur.
Le sonnet est écrit sur une feuille de Japon contenant le portrait de Rodin lithographié.

2867. SOIRÉES DE MÉDAN (Les), par Émile Zola. — Guy de Maupassant. — J.-K. Huysmans. — Henry Céard. — Léon Hennique, — Paul Alexis. *Paris, Charpentier*, 1880, in-12, cartonn. dos de mar. rouge, non rogné, couvert. (*Lemardeley*).

Edition originale.
Un des 50 exemplaires (n° 6) imprimés sur **papier de Hollande.**

2868. SONNETS ET EAUX-FORTES. *Paris, Lemerre*, 1869, in-fol. peau de truie, compart. de fil. gras et maigres, doubl. de mar. rouge dent., compart. de fil. et de petits fers XVIIIe siècle, gardes de moire grise, tr. dor. sur témoins, étui (*Pagnant*).

42 sonnets accompagnés de 42 eaux-fortes de *Corot, Daubigny, Manet, Seymour-Haden, Gérome, Feyen-Perrin, Ribot*, etc.
Bel exemplaire, un des 20 imprimés sur **papier Whatman** et non mis dans le commerce ; les eaux-fortes sont en DEUX états : en noir sur Chine appliqué, et en bistre.

SOULARY (Joséphin).

2869. Ephémères, poésies. *Lyon, Imp. de Rey*, 1847, in-8 de 64 pag., broché.

Edition originale.

2870. Sonnets humouristiques. *Lyon, Imp. de Louis Perrin*, 1858, pet. in-8, port., demi-rel. vélin blanc, non rogné.

Première édition collective imprimée à petit nombre.

2871. Les Diables bleus, nouvelles poésies. *Paris, Lemerre*, 1870, pet. in-8. — Pendant l'invasion, poèmes. *Ibid., id.*, 1871, in-12. — La Chasse aux mouches d'or. *Lyon, Scheuring*, 1876, pet. in-8. — Les Rimes ironiques, poésies nouvelles. *Lyon, Imp. Alf. Louis Per-*

rin et Marinet, 1877, pet. in-8. — Un grand homme qu'on attend, comédie en deux actes et en vers. *Paris, Lemerre*, 1879, in-12. — Ens. 5 vol. dont 1 demi-rel. veau bleu, non rogné, les autres brochés.

Editions originales.

2872. Promenade autour d'un tiroir. *Lyon, Bernoux et Cumin*, 1886, pet. in-8, portrait, broché.

Edition originale.

Un des **100** exemplaires imprimés sur **papier de Hollande**, avec double état du portrait.

2873. Fable autographe, signée, de J. Soulary, 3 p. 1/3, in-8.

A la fin de la fable quelques lignes d'envoi à Mephisto l'autorisant à publier cette fable, petite vengeance du poète à l'égard de son éditeur lyonnais.

2874. 3 poésies autographes, signées, de Soulary.

1° *Peau-d'âne*, sonnet, 1 page in-4.
2° Pièce dont voici le premier vers :
« Si j'avais un arpent de sol, mont, val ou plaine. »
3° *A Madame Laurentine Alexandre*, Mai 1840, 6 vers écrits pour un album.

2875. Lettre autographe, signée (à Charles Baudelaire), de Soulary; Lyon, 24 février 1860, 4 pages, in-8.

Très belle lettre dans laquelle il critique vivement la typographie de la seconde édition de ses *sonnets humouristiques* ; il entretient longuement Baudelaire sur la nécessité, pour un poète qui se respecte, de rester impopulaire. Il lui envoie un sonnet inspiré par les *Fleurs du mal*.

Le sonnet est joint à la lettre.

SOULIÉ (Frédéric).

2876. La Lanterne magique, histoire de Napoléon racontée par deux soldats, ornée de 50 vignettes. Avec des annotations par E. de La Bedolierre. *Paris, Alphonse Henriot*, 1838, in-8, broché.

Edition originale ornée de vignettes de *Charles Jacque*, gravées sur bois dans le texte.

2877. *La Folle de Waterloo*, poésie autographe, signée, de Frédéric Soulié, 3 pag. in-4.

Très belle pièce, histoire d'une jeune fille anglaise devenue folle, après la mort de son amant, tué à Waterloo.

2878. Lettre autographe, signée, de Frédéric Soulié, à Augustin Soulié, rédacteur à la *Quotidienne*, 1 pag. in-8.

Relative à sa pièce : *Christine à Fontainebleau.*

2879. SOUVESTRE (Emile). Trois femmes poëtes inconnues (par Emile Souvestre). *Nantes, Librairie industrielle,* 1829, in-18, broché.

Petit volume rare, mêlé de prose et de vers.

La quatrième page de la couverture est ornée d'un curieux portrait de Franklin, gravé sur bois.

2880. SOUVESTRE (Emile). 49 lettres autographes, signées, d'Emile Souvestre aux éditeurs Giraud et Dagneau.

Cette correspondance, de 1851 à 1854, est entièrement relative aux publications d'ouvrages de Souvestre chez Giraud et Dagneau.

STAËL (Mme de).

2881. Zulma et trois nouvelles, precédé d'un Essai sur les fictions, par Madame de Stael Holstein. *Londres, Colburn,* 1813. — Réflexions sur le suicide, par la même. *Londres, Deconchy,* 1813. — En 1 vol. in-8, dos et coins de mar. noir, tr. jasp. (*Rel. de l'époque*).

Editions originales.

2882. Corinne ou l'Italie, par Mad. de Staël Holstein. *Paris, à la Librairie stéréotipe, chez H. Nicolle,* 1807, 2 vol. in-8, cartonn. pap. gris, non rognés (*Cartonn. anc.*).

Edition originale.

2883. Corinne ou l'Italie, par Mad. de Staël Holstein. *Paris, à la Librairie stéréotipe, chez H. Nicolle,* 1807, 3 vol. in-12, vélin blanc, dent., dos orné, pièces de mar. noir, tr. dor. (*Lefebvre*).

Première édition de ce format parue la même année que l'édition originale in-8.

Joli exemplaire dans une relinre de l'époque.

STENDHAL [Henri Beyle].

2884. Rome, Naples et Florence, en 1817, par M. de Stendhal, officier de cavalerie. *Paris, Delaunay, Pélicier,* 1817, in-8, broché.

Edition originale ; la couverture, en papier marbré, n'est pas imprimée, le dos porte une petite étiquette contenant le titre de l'ouvrage.

2885. Rome, Naples et Florence, par M. de Stendhal. *Paris, Delaunay,* 1826, 2 vol. in-8, brochés.

Troisième édition.

Bel exemplaire sur lequel on a transcrit, au crayon sur les marges, des notes autographes de Stendhal qui se trouvait sur un exemplaire de cette édition passé en vente le 25 avril 1914. Ces annotations donnent la clef des personnages cités et des passages indiqués dans l'ouvrage par des lignes de points.

Cet exemplaire est de premier tirage avant les nombreux cartons qui ont été faits pour cette édition

2886. De l'Amour ; par l'auteur de l'Histoire de la peinture en Italie, et des Vies de Haydn, Mozart et Métastase. *Paris, Librairie universelle de P. Mongie l'aîné,* 1822, 2 vol. in-12, brochés dans des étuis.

Edition originale.

Bel exemplaire, très frais ; les couvertures, non imprimées, portent au dos une petite étiquette imprimée contenant le titre de l'ouvrage.

2887. Racine et Shakspeare, par M. de Stendhal. *Paris, Bossange,* 1823. — Racine et Shakspeare, N° II, ou Réponse au manifeste contre le Romantisme, prononcé par M. Auger dans une séance solennelle de l'Institut, par M. de Stendhal. *Paris, Dupont et Roret,* 1825. Ens. 2 plaquettes in-8, brochées.

Edition originale.

2888. Racine et Shakspeare. *Paris,* 1823-1825, 2 plaquettes in-8, demi-rel. basane brune, non rognées (*Couvert.*).

Edition originale.

La première plaquette est conforme à celle du numéro précédent ; mais la seconde, de 1825, offre cette particularité curieuse : la couverture est imprimée des deux côtés et porte comme adresse, sur le premier plat, ainsi que le titre. *A Paris, chez les marchands de nouveautés.* La seconde couverture est à l'adresse de Dupont et Roret.

2889. Vie de Rossini ; par M. De Stendhal ; ornée de portraits de Rossini et de Mozart. *Paris, chez Auguste Boulland et Cie,* 1824, 2 vol. in-8, brochés.

Edition originale.

2890. Histoire de la famille Cinci, ouvrage traduit sur l'original italien trouvé dans la bibliothèque du Vatican, par M. l'abbé Maio, son bibliothécaire. *Paris, Vernarel et Tenon,* 1825, in-12, portrait, faux titre, titre, IX pag. prél. et 87 pag., broché.

Intéressant et dramatique récit, d'un style clair et concis, attribué à

Stendhal avec assez de vraisemblance. Voir sur ce volume rare la note de M. G. Vicaire dans le *Manuel de l'amateur de livres du XIXe siècle.*
La couverture n'est pas imprimée.

2891. Promenades dans Rome. *Paris, Delaunay,* 1829, 2 vol. in-8, brochés.

Edition originale ornée de 2 planches : *St Pierre de Rome* et *Colonne Trajane* et d'un plan plié : *Plan des vestiges de Rome antique.* Ce plan est répété à chaque volume.
Bel exemplaire d'un livre rarement aussi complet.

2892. Mémoires d'un touriste, par l'auteur de Rouge et Noir. *Paris, Ambroise Dupont,* 1838, 2 vol. in-8, plan, brochés.

Edition originale.
A la fin du second volume se trouve le catalogue des publications d'Ambroise Dupont, daté du 1er Juin 1838.
Exemplaire non coupé.

2893. La Chartreuse de Parme, par l'auteur de Rouge et Noir. *Paris, Ambroise Dupont,* 1839, 2 vol. in-8, demi-rel. veau rouge, dos orné, non rognés.

Edition originale.
Bel exemplaire de la bibliothèque de M. Eugène Paillet, dans une fine demi-reliure de l'époque.

2894. L'Abesse de Castro, par M. de Stendhal. *Paris, Dumont,* 1839, in-8, broché.

Edition originale.
Exemplaire non coupé ; légère mouillure dans le haut des premiers feuillets.

2895. Œuvres complètes de Stendhal. *Paris, Michel Lévy frères,* 1853-1855, 9 vol. in-12, brochés.

Promenades dans Rome, 1853, 2 vol. — *Histoire de la peinture en Italie,* 1854. — *Racine et Shakspeare,* 1854. — *Mémoires d'un touriste,* 1854, 2 vol. — *Romans et nouvelles,* 1854. — *Chroniques italiennes,* 1855. — *Nouvelles inédites,* 1855.

2896. Vie de Napoléon, fragments. *Paris, Calmann Lévy,* 1876, in-12, broché.

Edition originale de cette publication posthume.

2897. Lamiel, roman inédit publié par Casimir Stryiensky. *Paris, Librairie moderne,* 1889, in-12, cartonn. dos et coins de mar.

grenat foncé, dos orné, tête dor., non rogné, couverture (*Meunier*).

ÉDITION ORIGINALE.
Un des **12** exemplaires imprimés sur **papier de Hollande**.

2898. Napoléon. De l'Italie. — Voyage à Brunswick. — De l'Angleterre. — Les Pensées. — Commentaires sur Molière. Notes et introduction par Jean de Mitty. *Paris, éditions de la Revue blanche,* 1897, in-12, broché.

ÉDITION ORIGINALE.
Un des **10** exemplaires imprimés sur **papier de Hollande**.

2899. Correspondance de Stendhal (1800-1842), publiée par Ad. Paupe et P. A. Cheramy, sur les originaux de diverses collections. Préface de Maurice Barrès. *Paris, Bosse,* 1908, 3 vol. in-8, portraits, brochés.

Un des **30** exemplaires imprimés sur **papier de Hollande** auquel on a ajouté les portraits supplémentaires et les cartons pour le tome II.

2900. Œuvres complètes de Stendhal publiées sous la direction d'Edouard Champion. *Paris, Champion,* 1913-1914, 5 vol. in-8, brochés.

Vie de Henri Brulard, 2 vol. — Vies de Haydn, de Mozart et de Métastase. — Bibliographie stendhalienne, par Henri Cordier. — La Vie littéraire de Stendhal, par Adolphe Paupe.
Un des **100** exemplaires imprimés sur **papier de Hollande**.

2901. Lettre autographe, signée, de Stendhal à M. Mira, décembre 1822, 3 pag. 1/4 in-8.

Curieuse lettre sur l'*industrialisme* qui nous envahit.

2902. Lettre autographe de Stendhal à Casimir Périer, à Naples. Lettre datée de Civita-Vecchia, le 15 novembre 1839, 2 pag. in-4.

Belle lettre intéressante dans laquelle Stendhal donne des nouvelles, de Mérimée, du duc d'Orléans, de la duchesse de Berry, etc.

2903. Stendhal et ses amis, notes d'un curieux (Henri Cordier). *S. l. n. d. (Evreux, Imp. Herissey),* 1890, in-4, port. et fig., broché.

Un des **5** exemplaires imprimés sur **papier de Chine**.

2904. Casimir Stryienski. Soirées du Stendhal Club. Documents inédits. Préface de L. Bélugou. *Paris, Mercure de France,* 1904, in-12, broché.

ÉDITION ORIGINALE.
Un des **7** exemplaires imprimés sur **papier de Hollande**.

2905. Henri Martineau. L'Itinéraire de Stendhal. *Paris, Société des trente, Albert Messein,* 1912, gr. in-16, broché.

Edition originale.
Un des **20** exemplaires imprimés sur **papier du Japon.**

2906. SUARÈS. Sur la Vie, essais. *Paris, Collection de la Grande revue, s. d.* et *Paris, Edouard Cornely et Cie*, 1910, 2 vol. pet. in-8. — Sur la Vie, essais. *Paris, Emile-Paul,* 1912, in-12. — Ens. 3 vol., brochés.

Editions originales des trois séries.

2907. SUARÈS (André). Idées et visions. *Paris, Emile-Paul frères,* 1913, in-12, broché.

Edition originale.

2908. SUARÈS. François Villon. *Paris. Cahiers de la quinzaine,* 1914, in-12, broché.

Edition originale.

SUE (Eugène).

2909. Le Juif errant, édition illustrée par Gavarni. *Paris, Paulin,* 1845, 4 vol. gr. in-8, brochés.

Premier tirage des illustrations.
Exemplaire non coupé auquel on a ajouté 3 couvertures de livraisons.

2910. Traités entre le *Constitutionnel,* l'éditeur Paulin et Eugène Sue pour la publication du *Juif errant.*

Sur chaque traité se trouvent quelques annotations autographes d'Eugène Sue. Ce dernier reçut du *Constitionnel* la somme de cent mille francs et de l'éditeur Paulin, celle de cent dix mille francs pour la publication de son ouvrage.

2911. 2 lettres autographes, signées, d'Eugène Sue à l'éditeur Renduel, 2 pag. in-8.

Lettres relatives à son *Histoire de la marine française* et à un ouvrage inédit de Frédéric II qu'il propose à Renduel ; cette publication serait faite, en 1 vol. in-8, avec préface et notes nécessaires.

2912. Lettre autographe d'Eugène Sue à Ferdinand Langlé. Annecy, 2 septembre 1853, 3 pag. in-8.

Lettre fort intéressante pleine de détails pour sa biographie et pour l'ouvrage qu'il prépare : *Les Mystères du peuple.*

SULLY PRUDHOMME.

2913. Stances et poèmes. *Paris, Achille Faure,* 1865, in-12, dos et coins de mar. vert foncé, fil., dos orné, tête dor., non rogné (*Carayon*).

Edition originale.
Exemplaire imprimé sur **papier vélin fort**; couverture tirée sur papier vergé, vert. Il contient le feuillet d'*Errata,* non compris dans la pagination.

2914. Lucrèce, de la Nature des choses premier livre, traduit en vers et précédé d'une préface par Sully Prudhomme. *Paris, Lemerre,* 1869, in-12, broché.

Edition originale.
Un des **10** exemplaires imprimés sur **papier de Hollande.**

2915. Les Solitudes, poésies. *Paris, Lemerre,* 1869, in-12, broché.

Edition originale.
Un des **20** exemplaires imprimés sur **papier de Hollande.**

2916. Les Destins, poème. *Paris, Lemerre,* 1872 (Envoi autog. de l'auteur à Pierre Véron). — La Révolte des fleurs. *Ibid., id.,* 1874. — Les vaines tendresses. *Ibid., id.,* 1875. Ens. 3 vol. et plaquettes, brochés.

Editions originales.

2917. La Justice, poème. *Paris, Lemerre,* 1878, in-12, broché..

Edition originale.
Un des quelques exemplaires imprimés sur **papier de Chine.**

2918. Le Bonheur, poème. *Paris, Lemerre,* 1888, in-12, broché.

Edition originale.
Un des **5** exemplaires imprimés sur **papier de Hollande.**

2919. Que sais-je? Examen de conscience. Sur l'origine de la vie terrestre. *Paris, Lemerre,* 1896, in-12, broché.

Edition originale.
Un des **10** exemplaires imprimés sur **papier de Hollande.**

2920. Epaves. *Paris, Lemerre,* 1908, in-12, broché.

Edition originale.
Un des **10** exemplaires imprimés sur **papier de Chine.**

2921. *Hantise,* poésie autographe, signée, de Sully Prudhomme, 1 pag. in-8.

Cette poésie, de 24 vers, est accompagnée de la lettre d'envoi autographe de Sully Prudhomme.

2922. Lettre autographe, signée, de Sully Prudhomme à un confrère. Fontenay le fleuri, 28 Juin 1884, 4 pag. in-8.

Très belle lettre relative à sa collaboration à la *Jeune France* et réponse à une demande de son correspondant : Définition de la poésie. « Je m'aperçois, cher confrère, que j'ai fait une dissertation au lieu de vous donner une simple définition. »

2923. SURVILLE (Clotilde de). Poésies de Marguerite-Eléonore-Clotilde de Vallon-Chalys, poëte françois du xve siècle, publiées par Ch. Vanderbourg. *Paris, Henrichs,* 1803, in-8, mar. rouge à longs grains, fil. dent. de fers à froid et dorés, angles ornés, dos orné de fers dorés et de petits points dorés, doublé de mar. rouge, fil. et dent. dorée et à froid (*Bozérian jeune*).

Edition originale, ornée d'un frontispice de *Debret,* gravé par *Fortier* et de 4 ff. de musique gravée.
Bel exemplaire imprimé sur **papier vélin fin** contenant le **dessin original,** à la sepia et à l'encre de Chine, du frontispice et la réduction, par Fortier, de ce frontispice, en quatre états.

2924. **SURVILLE** (Clotilde de). Poésies de Marguerite-Eléonore Clotilde de Vallon-Chalys, depuis Madame de Surville, poète français du xve siècle. Nouvelle édition publiée par Ch. Vanderbourg, ornée de gravures dans le genre gothique d'après les dessins de Colin, élève de Girodet. *Paris, Nepveu,* 1824, 2 vol. in-8, mar. rouge, compart. de fil. dor., milieu orné d'une petite plaque à la cathédrale mosaïqué de mar. de diverses couleurs, dos orné et mosaïqué tête dor., non rognés (*Rel. de l'époque*).

Bel exemplaire imprimé sur **papier vélin** contenant les figures en **cinq** états ; eau-forte pure, sur Chine avec le cadre et avant la lettre, coloriées et rehaussées d'or et le tirage à part de vignettes du texte en deux états : sur Chine et coloriées. Le frontispice est en trois états.
Reliure mosaïquée d'Hering et Muller; très fraîche.
On a ajouté à l'exemplaire une lettre autographe de Vanderbourg à Walckenaer.

N° 2924

TAILHADE (Laurent).

2925. Le Jardin des rêves, poésies. *Paris, Lemerre,* 1880, in-12, broché.

ÉDITION ORIGINALE.

2926. Bagnères-thermal, première série (1880-1885). Bagnères-thermal. — Petits vers. — Musique. — Lettres parisiennes. — Sur quelques écrits. — La Poésie populaire en Gascogne. *Bagnères-de-Bigorre, Léon Péré, s. d.* (1887), pet. in-8, broché.

ÉDITION ORIGINALE tirée à 25 exemplaires sur papier du Japon paraphés et numérotés par l'auteur. Celui-ci est au nom de M. Charles Buet.

Plusieurs des pièces de *Au Pays du mufle* paraissent dans ce volume pour la première fois.

2927. Vitraux. *Paris, L. Vanier,* 1891, pet. in-8, broché.

ÉDITION ORIGINALE imprimée sur papier de Hollande.

2928. Au Pays du Mufle, ballades et quatorzains. Préface d'Armand Silvestre. *Paris, Léon Vanier,* 1891, pet. in-16, pap. de Hollande, broché.

ÉDITION EN PARTIE ORIGINALE.

Curieuse pièce de vers autographe de l'auteur occupant la moitié du recto du 3e feuillet et tout le verso de ce feuillet ; elle est adressée à une femme.

2929. Au Pays du mufle. Nouvelle édition revue et considérablement augmentée, préface d'Armand Silvestre. Dessins d'Hermann Paul. *Paris, Bibliothèque artistique et littéraire,* 1894, in-16, broché.

Un des **20** exemplaires imprimés sur **papier du Japon.**

2930. A travers les grouins, frontispice de Léandre. *Paris, Stock,* 1899, in-16, broché.

ÉDITION ORIGINALE.

Un des **5** exemplaires imprimés sur **papier du Japon,** contenant tous les noms des personnages cités qui ont été grattés dans les exemplaires ordinaires à la suite d'un procès intenté à l'auteur par Vervort.

2931. Imbéciles et gredins (1895-1900). *Paris, Édition de la Maison d'art,* 1900, pet. in-8 carré, broché.

ÉDITION ORIGINALE.

Un des **10** exemplaires imprimés sur **papier du Japon.**

2932. Terre latine, préface de M. E. Ledrain. *Paris, Lemerre*, 1898. — L'Ennemi du peuple, par Heinrick Ibsen, conférence donnée au Théâtre de l'Œuvre. *Paris, Société libre d'édition des gens de lettres*, 1900. — La Touffe de Sauge. *Paris, Editions de la Plume*, 1901. Ens. 3 vol. in-12, brochés.

Editions originales.

2933. Discours civiques (4 Nivôse, an 109-19 Brumaire, an 110). Portrait de Félix Valloton. *Paris, Stock*, 1902, in-12, broché.

Edition originale.
Un des **20** exemplaires imprimés sur **papier de Hollande.**

2934. Poèmes aristophanesques. *Paris, Mercure de France*, 1904, in-12, broché.

Edition originale.
Un des **12** exemplaires imprimés sur **papier de Hollande.**

2935. Plaute, trois comédies : Les Bacchis, le petit carthaginois, Curculio, traduction de Laurent Tailhade. Frontispice d'Evelio Torent. *Paris, Flammarion, s. d.* (1905), in-12, broché.

Edition originale.
Un des quelques exemplaires imprimés sur **papier de Hollande.**

2936. *Prélude*, petit poème autographe, signé, de Laurent Tailhade, 2 pag. in-8.

Poème écrit en encres de diverses couleurs et dédié par Laurent Tailhade à son ami Carolus Vignier.

TAINE (Henri).

2937. Essai sur les Fables de La Fontaine, thèse pour le doctorat ès lettres, présentée à la Faculté de Paris. *Paris, Vve Joubert*, 1853, in-8, broché.

Edition originale.
Dédicace autographe de l'auteur à M. Gros, professeur au Lycée Bonaparte, sur le faux titre.

2938. Les Philosophes français du XIXe siècle. *Paris, Hachette et Cie*, 1857, in-12, broché.

Edition originale.

2939. Essais de critique et d'histoire. *Paris, Hachette et Cie*, 1858, in-12, broché.

Edition originale.

2940. Voyage en Italie. *Paris, Hachette et Cie*, 1866, 2 vol. in-8, brochés.

Edition originale.

2941. Notes sur Paris. Vie et opinions de M. Frédéric-Thomas Graindorge, recueillies et publiées par H. Taine. *Paris, Hachette et Cie*, 1867, pet. in-8, cartonn. demi-chagrin La Vall. poli, tête rouge, non rogné (*Couvert.*),

Edition originale.

2942. Voyage aux eaux des Pyrénées. Illustré de 65 vignettes sur bois par G. Doré. *Paris, Hachette et Cie*, 1855, in-12, dos et coins de mar. vert, filet, dos orné, tête dor., non rogné, couverture (*Champs*).

Edition originale.

2943. Voyage aux Pyrénées. Troisième édition illustrée par Gustave Doré. *Paris, Hachette et Cie*, 1860, in-8, dos et coins de mar. rouge, fil., dos orné, tête dor., non rogné (*Pouget*).

Première édition in-8 très différente de la précédente pour le texte. Elle renferme de nombreuses illustrations de *Doré* qui ne sont pas dans l'édition in-12 et qui sont ici en premier tirage.

2944. Lettre autographe, signée, de Taine. Viroflay, 27 Mai, 3 pag. in-8.

Belle lettre ; il donne son opinion sur Rembrandt et explique comment il a composé son ouvrage *Philosophie de l'art*, paru en 1865. Il promet à son correspondant de lui envoyer son *Histoire de la littérature anglaise*, dès que le cinquième volume aura paru.

2945. TALMEYR (Maurice). Non, n'en parlons plus ! Pet. in-4 obl., manuscrit, dos et coins de toile rouge.

Manuscrit autographe, signé, d'un article relatif à l'affaire Dreyfus, publié dans le *Gaulois* du 17 septembre 1899.

2946. TANNEGUY DE PENHOËT. Polichinelle, drame en trois actes, publié par Olivier et Tanneguy de Penhöet et illustré par Georges Cruishanck. *Paris, Bureaux de l'Histoire pittoresque d'Angleterre*, 1836, pet. in-12, dos et coins de mar. rouge, fil., dos orné, non rogné (*Couverture illust.*).

Edition originale ornée de vignettes gravées sur bois dans le texte.

TASTU (Mme Amable).

2948. Poésies par Madame Amable Tastu. *Paris, Ambroise Dupont (Imp. J. Tastu)*, 1826, in-8, cartonn. de l'époque en papier gris, non rogné.

Edition parue la même année que l'édition originale.

Exemplaire tiré sur papier de Chine rose pour M. Aimé Martin. Le titre est en 5 exemplaires, chacun tiré sur papier de Chine de couleur différente.

On y a ajouté le frontispice de *Deveria*, de l'édition des *Poésies* de 1827, en deux états sur Chine : avant et avec la lettre.

Sur les feuillets de garde du commencement, **poésie autographe** (2 pag.) de Mme A. Tastu, datée du 31 décembre 1830 et adressée à Aimé Martin.

2949. Poésies par Madame Amable Tastu. *Paris, Ambroise Dupont et Cie (J. Tastu, imprimeur)*, 1826, gr. in-8, mar. brun à longs grains, comp. de fil. dor., dent. à froid, coins ornés, milieu à froid, dos orné, tr. dor. (*Martin*).

Exemplaire dans une bonne et fraîche reliure romantique.

2950. Poésies de Madame Amable Tastu, 4mée édition. *Paris, Ambroise Dupont et Cie*, 1827, in-18, frontisp., veau bleu, dent. et milieu à froid, tr. dor. (*Martin*).

Reliure de l'époque bien conservée.

2951. Lettre autographe de Madame Amable Tastu à Madame Victoire Babois (18 octobre 1828), 3 pag. in-8.

Belle lettre dans laquelle elle s'excuse d'avoir tant tardé à écrire à Mme Babois, elle lui donne de longs détails sur sa vie privée et parle de ses travaux littéraires.

On y a joint une petite poésie *Rêverie* (12 vers) autographe de

Mme Amable Tastu, provenant d'un album. Au verso de cette poésie se trouve un sonnet d'Octave Lacroix à Mme Mélanie Waldor.

2952. TCHENG-KI-TONG (Général). Le Théâtre des Chinois, étude de mœurs comparées. *Paris, Calmann Lévy,* 1886, in-12, dos et coins de mar. citron. tête dor., non rogné (*David*).

Edition originale.
Un des **15** exemplaires imprimés sur **papier de Chine**.

2953. TCHENG-KI-TONG (Général). Le Roman de l'homme jaune. *Paris, Bibliothèque Charpentier,* 1890, in-12, broché.

Edition originale.
Un des **20** exemplaires imprimés sur **papier de Chine**.

2954. TCHENG-KI-TONG (Général). Les Plaisirs en Chine. *Paris, Charpentier et Cie,* 1890, in-12, broché.

Edition originale.
Un des **25** exemplaires imprimés sur **papier de Chine**.

2955. TCHENG-KI-TONG (Général). Les Parisiens peints par un Chinois. *Paris, Bibliothèque Charpentier,* 1891, in-12, broché.

Edition originale.
Un des **10** exemplaires imprimés sur **papier de Chine**.

TELLIER (Jules).

2956. Les Brumes, poésies. *Paris, Lemerre,* 1883, pet. in-8, broché.

Edition originale.

2957. Reliques de Jules Tellier. *S. l., 1890 (Evreux, Imp. Hérissey),* in-12, portrait, broché.

Edition originale, publiée en souscription, par Raymond de La Tailhède.
Un des **5** exemplaires imprimés sur **papier du Japon** ; le portrait est tiré sur papier de Chine.

2958. Reliques de Jules Tellier, in-12, broché.

Même édition.
Un des **10** exemplaires imprimés sur **papier de Hollande** ; le portrait est tiré sur Japon.

2959. Poésies. Cahier in-8, de 15 pag., cartonné.

Manuscrit autographe, signé, de Jules Tellier, précédé de cette dédicace :

Au Poète grand peintre,
à l'Orfèvre « Grand-Initié »
José-Maria de Heredia
l'auteur dédie,
avec la quintessence de son
admiration, sans bornes,
ces quelques vers
Jules Tellier.

Il renferme 14 pièces de vers : *Décembre, Décrépitudes, Au temps des Scaldes, Où vont donc les oiseaux qui meurent, Une Vieille, le Champ de foire, la Vénitienne*, etc.

Ces vers, qui semblent inédits, ne sont pas dans les deux volumes précédents.

THARAUD (Jérôme et Jean).

2960. Dingley, l'illustre écrivain. *Paris, Cahiers de la Quinzaine,* 1902, in-12, broché.

Edition originale.

Ce livre fut couronné par l'Académie des Goncourt en Décembre 1906.

2961. Dingley, l'illustre écrivain. Troisième édition. *Paris, Pelletan,* 1906, in-18, carré, broché.

Cette troisième édition est encore une édition originale, car le texte a été modifié et augmenté d'une suite importante. occupant les pages 92 à 141.

2962. La Fête arabe. *Paris, Émile-Paul,* 1912, in-12, broché.

Edition originale.

Un des 35 exemplaires imprimés sur **papier de Hollande**.

2963. La Ville et les Champs. — 1870-1871. — Décoré de cinq compositions de Lobel-Riche, gravées par Eugène Froment et Perrichon. *Paris, Edouard Pelletan,* 1906, in-18 carré, broché.

Edition originale.

2964. Paul Déroulède. *Paris, Emile-Paul frères,* 1914. — La Mort de Paul Déroulède. *Ibid., id.,* 1914. — Ens. 2 vol. in-12, brochés.

Editions originales.

THEURIET (André).

2965. Les Paysans de l'Argonne, 1792. *Paris, Lemerre,* 1870, in-12, cartonn. toile rouge, non rogné (*Couvert.*).

Edition originale.
Un des 5 exemplaires imprimés sur **papier de Chine.**

2966. Nouvelles intimes. *Paris, Lemerre,* 1870, in-12, broché.

Edition originale.

2967. Sous bois, impressions d'un forestier. *Paris, Charpentier,* 1878, in-12, veau fauve, fil., tête dor., non rogné (*Pouillet*).

Edition originale.
Un des 2 exemplaires imprimés sur **papier de Chine.**
Sur le faux titre :

A Georges Charpentier
Affectueux souvenir de
son tout dévoué forestier
André Theuriet.

2968. Sous bois, impressions d'un forestier. *Paris, Charpentier,* 1878, in-12, cartonn. toile rouge, non rogné, couverture (*Pierson*).

Edition originale.
Un des 50 exemplaires imprimés sur **papier de Hollande.**
Signature d'Edmond de Goncourt sur le feuillet de garde.

2969. Le Livre de la Payse, nouvelles poésies (1872-1882). *Paris, Lemerre,* 1883, in-12, cartonn. demi-toile verte, non rogné, couverture (*Lemardeley*).

Edition originale.
Un des 5 exemplaires imprimés sur **papier de Hollande.**

2970. Le Journal de Tristan, impressions et souvenirs. *Paris, Charpentier et Cie,* 1884, in-12, dos et coins de mar. vert, dos orné, tête dor., non rogné, couverture (*Champs*).

Edition originale.
Un des 2 exemplaires imprimés sur **papier de Chine.**

2971. Le Bracelet de turquoise, avec un dessin de Reichan. *Paris. Charpentier et Cie,* 1890, in-12, broché.

Edition originale.
Un des 25 exemplaires imprimés sur **papier de Hollande.**

2972. Jardin d'Automne. *Paris, Lemerre*, 1894, in-12, cartonn. dos et coins de toile bleue, non rogné (*Couvert.*).

ÉDITION ORIGINALE.
Exemplaire imprimé sur **papier de Chine.**

2973. Années de printemps, illustrations de Maximilienne Guyon. *Paris, Ollendorff*, 1896, in-12 en hauteur, cartonn. dos et coins de toile bleue, non rogné (*Couvert.*).

ÉDITION ORIGINALE.
Exemplaire imprimé sur **papier de Chine.**

2974. *La Fauvette des oiseaux*, poésie autographe, signée, d'André Theuriet, 1 p. in-4. — *Vieux souvenirs*, nouvelle autographe, signée, du même, 2 pag. 1/2 in-4.

2975. Lettre autographe, signée, d'André Theuriet à Jules Le Vallois, 6 Mai 1875, 3 pag. in-8.

Très jolie lettre relative à une chronique littéraire, de Jules Le Vallois, consacrée à Theuriet.

2976. THOMSON (Valentine). La Vie sentimentale de Rachel d'après des lettres inédites. *Paris, Calmann-Lévy, s. d.* (1910), in-12, broché.

ÉDITION ORIGINALE.
Un des **40** exemplaires imprimés sur **papier de Hollande.**

2977. TILLIER (Claude). Mon Oncle Benjamin. *Paris, Coquebert*, 1843, in-8, broché.

ÉDITION ORIGINALE très rare.
Petites taches au premier plat de la couverture.

TINAN (Jean de).

2978. Un document sur l'impuissance d'aimer. Frontispice de Félicien Rops. *Paris*, 1894, in-18, papier de Hollande, broché.

ÉDITION ORIGINALE.

2979. Erythrée, orné par Maurice Delcourt. *Paris, Mercure de France*, 1896, in-18, broché.

ÉDITION ORIGINALE.

2980. L'Exemple de Ninon de Lenclos amoureuse, roman. *Paris, Mercure de France*, 1898, in-18, broché (*Couverture de Toulouse-Lautrec*).

Edition originale.
Un des **12** exemplaires imprimés sur **papier de Hollande.**

2981. Aimienne ou le détournement de mineure, roman. Portrait de l'auteur d'après une lithographie d'Henry Bataille, couverture en lithographie de Maxime Dethomas. *Paris, Mercure de France*, 1899, in-12, broché.

Edition originale.
Un des **12** exemplaires imprimés sur **papier de Hollande.**

2982. Aimienne ou le détournement de mineure, roman. Portrait de l'auteur d'après une lithographie d'Henry Bataille, couverture en lithographie de Maxime Dethomas. *Paris, Mercure de France*, 1899, in-12, broché.

Edition originale.
Un des **25** exemplaires imprimés sur **papier de Chine,** non mis dans le commerce.

2983. Penses-tu réussir! ou les diverses amours de mon ami Raoul de Vallonges, roman. *Paris, Mercure de France*, 1907, in-12, broché.

Edition originale.
Un des **3** exemplaires imprimés sur **papier du Japon.**

TINAYRE (Marcelle).

2984. Avant l'amour, roman. *Paris, Calmann-Lévy, s. d.*, in-12, broché.

Un des **15** exemplaires imprimés sur **papier de Hollande.**

2985. La Maison du péché. *Paris, Calmann-Lévy, s. d.* (1902), in-12, broché.

Edition originale.

2986. La Vie amoureuse de François Barbazanges. *Paris, Calmann-Lévy, s. d.* (1904), in-12, broché.

Edition originale.
Un des **20** exemplaires imprimés sur **papier de Hollande.**

2987. La Rebelle. *Paris, Calmann-Lévy, s. d.* (1905), in-12, broché.

ÉDITION ORIGINALE.
Un des **40** exemplaires imprimés sur **papier de Hollande.**

2988. L'Amour qui pleure. *Paris, Calmann-Lévy, s. d.* (1908), in-12, broché.

ÉDITION ORIGINALE.
Un des **40** exemplaires imprimés sur **papier de Hollande.**

2989. L'Ombre de l'Amour. *Paris, Calmann-Lévy, s. d.* (1909), in-12, broché.

ÉDITION ORIGINALE.
Un des **50** exemplaires imprimés sur **papier de Hollande.**

2990. Notes d'une voyageuse en Turquie. *Paris, Calmann-Lévy, s. d.* (1909), in-12, broché.

ÉDITION ORIGINALE.
Un des **20** exemplaires imprimés sur **papier de Hollande.**

2991. La Douceur de vivre. *Paris, Calmann-Lévy, s. d.* (1911), in-12, broché.

ÉDITION ORIGINALE.
Un des **50** exemplaires imprimés sur **papier de Hollande.**

2992. Madeleine au miroir, journal d'une femme. *Paris, Calmann-Lévy, s. d.* (1912), in-12, broché.

ÉDITION ORIGINALE.
Un des **40** exemplaires imprimés sur **papier de Hollande.**

2993. TOLSTOI (Cte Léon). La Puissance des ténèbres, drame en cinq actes traduit du russe par Neyroud. *Paris, Savine,* 1887, in-12, broché.

ÉDITION ORIGINALE.

2994. TOLSTOI (Cte Léon). Résurrection, Nouvelle vie, traduit du russe par E. Halpérine Kaminsky. Edition définitive revue par l'auteur. Illustrations de Leonic Pasternak. *Paris, Flammarion, s. d.*, 2 vol. in-12, brochés.

Un des **10** exemplaires imprimés sur **papier du Japon.**

TOPFFER (Rodolphe).

2995. L'Héritage (par Rodolphe Topffer). *Genève, Imp. A. L. Vignier,* 1834, in-8, cartonn. vélin vert, fil., non rogné (*Couvert.*).

Edition originale.
Bel exemplaire.

2996. Voyages et aventures du docteur Festus. *Genève, Ledouble et Cherbuliez et Cie*, 1840, in-8, broché.

Première édition complète ornée de 8 dessins lithographiés hors texte dont un frontispice et une carte.
On y a joint la suite, très rare, de 15 dessins lithographiés de *Topffer* dans une couverture illustrée; dessins destinés à cette édition et qui furent sans doute supprimés par l'auteur.

2997. Nouvelles génevoises, illustrées d'après les dessins de l'auteur gravés par Best, Leloir, Hotelin et Régnier. 2me édition illustrée. *Paris, Paulin Le Chevalier et Cie*, 1849, in-8, broché.

2998. Mélanges. *Paris, Cherbuliez,* 1852, in-12, broché.

Edition originale.

2999. TOUSSENEL (A.). Les Juifs, rois de l'époque, histoire de la féodalité financière. *Paris, Lib. de l'Ecole Sociétaire,* 1845, in-8, dos et coins de mar. citron, fil., tête dor., non rogné (*Guétant*).

Edition originale.

3000. UN AUTRE MONDE, par Grandville (texte par Taxile Delord). *Paris, Fournier,* 1844, pet. in-4, demi-rel. chag. brun, plats toile, ébarbé.

Premier tirage; figures coloriées.

3001. ULBACH (Louis). Gloriana, *Paris, W. Coquebert,* 1844, in-8, chag. bleu, fil., à froid et dor., milieu et dos ornés, tr. dor. (*Rel. de l'époque*).

Edition originale.
Sur le feuillet de garde, *poésie autographe* de Louis Ulback adressée à Madame Rose Decan dont les initiales se trouvent sur la reliure.

3002. UYLENSPIEGEL au Salon par les auteurs des Cosaques, revue de l'exposition de 1857, dessins de M. Félicien Rops. *Bruxelles, Imp. de F. Parent,* 1857. — Uylenspiegel au Salon, revue de l'exposition de 1860, dessins de Félicien Rops. *Ibid. id.*, 1860, ens. 2 plaquettes pet. in-4, cartonn. demi-toile, non rognées (*Couvert.*).

Plaquettes rares ; la couverture de la première est en mauvais état.

3003. VACARESCO (Hélène). Chants d'aurore. *Paris, Lemerre*, 1886, in-12, broché.

Edition originale.
Hommage autographe de l'auteur à Catulle Mendès sur le faux titre.

VACQUERIE (Auguste).

3004. L'Enfer de l'esprit. *Paris, Ebrard*, 1840, in-8, broché.

Edition originale, rare ; elle est ornée d'un frontispice de *Louis Boulanger*, gravé sur bois et tiré sur Chine.
Exemplaire un peu fatigué portant l'*envoi autographe* suivant sur le faux titre :

Aux pieds de Madame Adèle Hugo
A. Vacquerie.

3005. Demi-Teintes. *Paris, Garnier, frères*, 1845, in-12, broché.

Edition originale.
Sur le faux titre :

Humblement offert à
Béranger
par un très petit poète,
mais un très grand admirateur
Auguste Vacquerie.

3006. Souvent homme varie, comédie en deux actes. *Paris, Librairie nouvelle*, 1859, in-12. — Tragaldabas. *Paris, Michel Lévy frères*, 1875, in-8. — Formosa. *Paris, Calmann Lévy*, 1883, in-8. — Ens. 3 vol., brochés,

Editions originales.
Envoi autographe de l'auteur aux deux premiers volumes.

3007. Profils et Grimaces. *Paris, Michel Lévy frères*, 1856, in-12, broché.

Edition originale.

3008. Jean Baudry. *Paris, Pagnerre*, 1863, in-8, broché.

Edition originale.
Un des quelques exemplaires imprimés sur **papier de Hollande**.

3009. 12 lettres autographes, signées, d'Auguste Vacquerie, à Paul Foucher.

Correspondance littéraire dans laquelle il est question de la *Légende des siècles,* de la reprise d'*Hernani,* d'*Amy Robsart* de Victor Hugo. — de *Jean Baudry,* de Vacquerie, etc.

3010. VALADE (Léon). Nocturnes, poèmes imités de Henri Heine. *Paris, Patay;* 1880, in-12, cartonn. demi-toile verte, non rogné, couverture (*Lemardeley*).

Edition originale.
Sur le faux titre, *envoi et quatrain autographes* à Charles Monselet.

3011. VALBEL (Horace). Pour passer une heure, contes et nouvelles. *Paris, Bugniot et Cie,* 1904, pet. in-8, broché (*Couvert. illust.*).

Edition originale ornée de 21 illustrations de *L. Morin, Léandre, Grün, Jouard, Leguey,* etc.
Exemplaire imprimé sur **papier du Japon.**

3012. VALDAGNE (Pierre) [Charles, Lucien LOUIS]. L'Amour du prochain. Commentaires de Lucien Metivet. *Paris, Ollendorff,* 1900, in-12, fig., broché.

Edition originale.
Un des **20** exemplaires imprimés sur **papier de Hollande.**

3013. VALERY DERBIGNY. Fables. Contes et autres poésies. *Paris, Plon frères,* 1853, in-8, broché.

Edition originale ornée de vignettes, fleurons et culs-de-lampe gravés sur bois par *Lacoste.*
Envoi autographe de l'auteur à M. de Pongerville, sur le faux titre.

VALLÈS (Jules).

3014. La Rue. *Paris, A. Faure,* 1866, in-12, broché.

Editions originales.

3015. Les Réfractaires. *Paris, A. Faure,* 1866, in-12, broché.

Edition originale.
Envoi autographe de l'auteur.

3016. La Rue, Paris pittoresque et populaire, du 1er Juin 1867 au 11 Janvier 1868. Ens. 33 numéros. — La Rue, journal quotidien, du 17 Mars au 12 Avril 1870, 27 numéros. — Ens. 60 numéros in-4 et in-fol., en feuilles.

COLLECTION COMPLÈTE. Illustrations d'*André Gill, Pilotell*, etc. à la première série.

On y a ajouté les Nos 1, 3 et 4 de *La Rue*, nouvelle série publiée en 1879. Cette série n'a eu que 5 numéros.

3017. Les Enfants du peuple. *Paris, Journal la Lanterne*, 1879, in-12, broché.

EDITION ORIGINALE.

3018. Jules Vallès sous le pseudonyme de Jean La Rue. Jacques Vingtras. *Paris, Charpentier*, 1879, in-12, broché.

EDITION ORIGINALE.
Un des 10 exemplaires imprimés sur **papier de Hollande**.

3019. Le Bachelier. *Paris, Charpentier*, 1881, in-12, broché.

EDITION ORIGINALE.

3020. Jacques Vingtras. L'Insurgé, 1871. *Paris, Charpentier et Cie*, 1886, in-12, broché.

EDITION ORIGINALE.
Un des 10 exemplaires imprimés sur **papier de Hollande**.

3021. 13 lettres autographes, signées, de Jules Vallès à Jules Le Vallois, 1859 à 1866, ens. 22 pag.

Correspondance littéraire. Vallès parle de ses travaux, de son volume *Les Réfractaires*, de *La Rue*. 4 de ces lettres sont écrites sur papier de la mairie du XVe arrondissement où Vallès était employé.

3022. VANIER (Léon). Les vingt-huit jours d'un réserviste racontés par lui-même et dessinés par un autre. 54 croquis à la plume par Raf. *Paris, L. Vanier*, 1876, in-12, broché.

EDITION ORIGINALE.

3023. VAUCAIRE (Maurice). Le Poète et le financier, comédie en un acte, en vers. *Paris, Charpentier et Fasquelle*, 1893. — Chipette ou la dame frivole. *Paris, Fasquelle*, 1897, in-32. — Les Girouettes, comédie en deux actes en prose. *Ibid. id.*, 1899. — Amoureuse amitié, comédie en un acte, en prose. *Ibid. id.*, 1901. — Ens. 4 vol. in-12 et in-32, brochés.

Editions originales.
La dernière pièce est un des **15** exemplaires imprimés sur **papier de Hollande.**

3024. VAUCAIRE (Maurice). Demi Grand Monde. *Paris, Ollendorff*, 1899, in-12, broché.

Edition originale.
Exemplaire imprimé sur **papier du Japon.**

VERHAEREN (Emile).

3025. Les Moines, poésies. *Paris, Lemerre*, 1886, in-12, broché.

Edition originale.
Envoi autographe de l'auteur à Edmond de Goncourt, sur le faux titre.

3026. Les Soirs. *A Bruxelles, chez Deman*, 1888, pet. in-4, broché.

Edition originale.
Un des **45** exemplaires imprimés sur **papier de Hollande.**
Frontispice lithographié d'*Odilon Redon.*

3027. Les Débâcles. *Bruxelles, Deman*, 1888, pet. in-4, broché.

Edition originale.
Un des **45** exemplaires imprimés sur **papier de Hollande,** auquel on a ajouté le frontispice d'*Odilon Redon.*

3028. Petites Légendes. *Bruxelles, Deman*, 1900, in-8, broché.

Edition originale.
Un des **20** exemplaires sur **papier de Hollande.**

3029. Les Heures d'après-midi. *Bruxelles, Deman*, 1905, in-12 tiré in-8, broché.

Edition originale.
Un des **25** exemplaires imprimés sur **papier de Hollande.**

3030. Les Rythmes souverains, poèmes. *Paris, Mercure de France*, 1910, pet. in-8, broché.

Edition originale.
Tirage spécial sur **papier du Japon** pour la Société des bibliophiles et iconophiles de Belgique.
Exemplaire au nom de M. J. Le Petit.

3031. Les Blés mouvants, poèmes. *Paris, Mercure de France*, 1913, in-12, broché.

Un des **29** exemplaires imprimés sur **papier de Hollande.**

3032. *L'Idole*, pièce de vers autographe, signée, d'Emile Verhaeren.

18 vers sur une feuille de papier à lettre in-8.

VERLAINE (Paul).

3033. Poëmes saturniens. *Paris, Lemerre*, 1867, in-12, broché.

ÉDITION ORIGINALE.
Envoi autographe suivant sur le feuillet de garde :

à l'illustre poëte
Antoni Deschamps
respectueux hommage de
profonde admiration
P. VERLAINE.

3034. Fêtes galantes. *Paris, Lemerre*, 1869, pet. in-12, broché.

ÉDITION ORIGINALE.
Sur le faux titre, *envoi autographe* suivant :

à M. Edmond de La Chauvinière
Souvenir bien sympathique
P. VERLAINE.

3035. La bonne Chanson. *Paris, Lemerre*, 1870, pet. in-12, cartonn. de mar. bleu, non rogné, couverture (*Carayon*).

ÉDITION ORIGINALE.
Un des **10** exemplaires imprimés sur **papier de Chine.**
Sur le feuillet de garde : **Poésie inédite** de Verlaine, datée du 5 juillet 1870 et adressée à *sa bien aimée Mathilde Mauté de Fleurville*, qui devint sa femme quelques semaines plus tard.

3036. La bonne Chanson. *Paris, Lemerre*, 1870, pet. in-12, broché.

ÉDITION ORIGINALE.
Un des **10** exemplaires imprimés sur **papier Whatman.**
Sur le faux titre, *envoi autographe* de l'auteur *à son cher Ernest Boutier.*
On y a ajouté *une lettre autographe* de Verlaine.

3037. Romances sans paroles. *Sens, Typographie de Maurice L'Hermitte,* 1874, in-12, broché.

EDITION ORIGINALE ; la couverture porte comme adresse : *Paris, chez tous les libraires.*

Exemplaire renfermant de **nombreuses corrections autographes** de Verlaine.

3038. Sagesse. *Paris, Société générale de librairie catholique,* 1881, in-8, broché.

EDITION ORIGINALE.

3039. Les Poètes maudits. *Paris, Léon Vanier,* 1884, in-12, portraits, cartonn. demi-toile verte, non rogné (*Couvert.*).

EDITION ORIGINALE.

3040. Louise Leclercq. *Paris, Léon Vanier,* 1886, in-12, broché.

EDITION ORIGINALE.

3041. Mémoires d'un veuf. *Paris, Léon Vanier,* 1886, in-12, dos et coins de mar. bleu, fil., dos orné, tête dor., non rogné, couverture (*Canape*).

EDITION ORIGINALE.

Un des 22 exemplaires imprimés sur **papier de Hollande.**

3042. Amour. *Paris, Léon Vanier,* 1888, in-12, cartonn. demi-vélin blanc, non rogné (*Couvert.*).

EDITION ORIGINALE.

Un des 50 exemplaires imprimés sur **papier de Hollande.**

3043. *A propos d'un mort.* — *Auburn,* 2 poésies autographes, signées, de Verlaine, sur 2 pag. in-8.

La première a paru dans *Amour* (*Lucien Letinois* XXII) avec quelques variantes.

La seconde pièce a été publiée dans *Parallèlement* (*Filles,* IV).

3044. Parallèlement. *Paris, Léon Vanier,* 1889, in-12, cartonn. dos et coins de toile bleue, non rogné, couverture (*Carayon*).

EDITION ORIGINALE.

Exemplaire auquel on a ajouté :

1° Le **manuscrit autographe** d'une pièce, *Casta Piana,* imprimée dans le volume.

2° *Chasteté,* fragment du volume *Bonheur,* paru en 1891, donné comme prime aux lecteurs de *Parallèlement.*

3045. Dédicaces (Dessin de F. A. Cazals, gravé par Maurice Baud). *Paris, Bibliothèque artistique et littéraire*, 1890, in-16, papier vergé, broché.

Edition originale.

Un des 50 exemplaires paraphés par l'auteur.

On y a ajouté *un dessin à la plume de Verlaine*, portrait de Paterne Berrichon, fait au Café des Alpes dauphinoises, le 17 mai 1890.

3046. *A E.....* (Esther?), poésie autographe, signée, de Verlaine, 1 pag. in-8.

Publiée dans *Dédicaces*, sans variantes.

3047. *A Jules Tellier*, juin 1889, sonnet autographe, signé, de Verlaine.

Sonnet écrit sur un imprimé de l'Hopital Broussais. Il contient au verso une jolie lettre autographe de Verlaine, datée du 13 décembre 1889, dans laquelle il parle de ce sonnet publié dans *Dédicaces*, et de J. Tellier.

3048. Dédicaces, nouvelle édition augmentée. *Paris, Léon Vanier*, 1894, in-12, broché.

Un des 55 exemplaires imprimés sur **papier de Hollande**, avec **pièce autographe** de l'auteur. Cette pièce est le *Toast à distance* (n° 57 du volume).

On y a ajouté le **manuscrit autographe** de *Chanson pour L.....*, pièce 44 du volume.

3049. La Décoration & l'Art industriel à l'exposition de 1889, gr. in-8 de 8 pag., non rel.

Article de Verlaine publié dans l'*Artiste* en 1890.

Tirage à part à 30 exemplaires sur Japon.

On y a ajouté un portrait de Verlaine sur Japon.

3050. Bonheur. *Paris, Léon Vanier*, 1891, in-12, cartonn. demi-mar. bleu. tête dor., non rogné, couverture (*Ch. Meunier*).

Edition originale.

Un des 55 exemplaires imprimés sur **papier de Hollande**.

3051. Chansons pour Elle. *Paris, Léon Vanier*, 1891, in-12, broché.

Edition originale.

Un des rares exemplaires imprimés sur **papier du Japon**, couverture bleue.

On y a ajouté le **manuscrit autographe** des chansons XI et XIII contenues dans le volume.

3052. Chansons pour Elle. *Paris, Léon Vanier,* 1891, in-12, broché.

Edition originale imprimée sur papier de Hollande; couverture rouge.

3053. Les Uns et les Autres, comédie en un acte et en vers, représentée pour la première fois au Théâtre du Vaudeville par les soins du Théâtre d'art, le 21 Mai 1891. *Paris, Léon Vanier,* 1891, in-12, broché.

Première édition séparée.

3054. Mes Hôpitaux. *Paris, Vanier,* 1891, in-12, portrait, broché.

Edition originale.

3055. Liturgies intimes. Mars 1892. *Paris, Bibliothèque du Saint-Graal, s. d.,* gr. in-8, broché.

Edition originale.
Exemplaire imprimé sur **grand papier** ; portrait de Verlaine, sur Japon.
Signature autographe de Verlaine sur le faux titre.
On y a ajouté 3 portraits de Verlaine dont 1 sur Chine et une grande photographie représentant Verlaine au Café François Ier, photographie signée par Verlaine.

3056. Odes en son honneur. *Paris, Léon Vanier,* 1893, in-12, port. ajouté, cartonn. dos et coins de veau rose, tête dor., non rogné, couverture (*Carayon*).

Edition originale.
Un des **20** exemplaires imprimés sur **papier du Japon** auquel on a ajouté le **manuscrit autographe** des odes XVII et XIX contenues dans le volume.

3057. Mes Prisons. *Paris, Léon Vanier,* 1893, in-12, demi-rel. chag. bleu, tête dor., non rogné (*Couvert.*).

Edition originale.
Envoi autographe de l'auteur, à M. Louis Dorbon, sur le faux titre.
Portrait charge de Verlaine par lui-même, ajouté, dessin à la plume : *mon « portrait (?) en 1870-71 », dessin authentique.* P. V.

3058. Quinze jours en Hollande, lettres à un ami. Avec un portrait de l'auteur, par Ph. Zilcken. *La Haye, Maison Blok. Paris, Léon*

Vanier, s. d. (1893), pet. in-4, cartonn. dos et coins de mar. La Vall., fil., tête dor., non rogné, couverture (*Carayon*).

Edition originale.
Un des **50** exemplaires imprimés sur **papier du Japon** signés par l'auteur.
Carte postale autographe de Verlaine à Léon Dierx, ajoutée.

3059. Elégies. *Paris, Léon Vanier*, 1893, in-12, cartonn. dos et coins de mar. olive, non rogné, couverture (*Carayon*).

Edition originale, portrait ajouté.
Un des **15** exemplaires imprimés sur **papier du Japon** auquel on a ajouté le **manuscrit autographe** qui a servi à l'impression de l'élégie IX : *Tu fais tant partie intégrante de moi-même.*

3060. *Elégie III* autographe, signée, de Verlaine, 2 pag. in-8 écrites sur papier d'hôpital.

Publiée dans *Elégies*, pag. 12-15.

3061. Epigrammes (frontispice de F.-A. Cazals). *Paris, Bibliothèque artistique et littéraire*, 1894, gr. in-16 carré, cartonn. demi-mar. grenat, dos orné, tête dor., non rogné (*Couvert.*).

Edition originale.
Un des **20** exemplaires imprimés sur **papier du Japon** ; on y a ajouté *une lettre autographe* de Verlaine à Deschamps relative à *Epigrammes.*

3062. Dans les Limbes. *Paris, Léon Vanier*, 1894, in-12, portrait, cartonn. dos et coins de mar. bleu, non rogné, couverture (*Carayon*).

Edition originale, portrait ajouté.
Un des **20** exemplaires imprimés sur **papier du Japon** dans lequel on a relié le **manuscrit original** de la poésie XII du volume : *Oui, tu m'inspires, Muse et que non pas Musette.*

3063. Paul Verlaine. Confessions, notes autobiographiques. Portrait par Anquetin. *Paris, Publications du « Fin de siècle »*, 1895, in-12, broché.

Edition originale.
Un des **30** exemplaires imprimés sur **papier de Hollande.**

3064. Confessions de Verlaine (notes sur ma vie). Manuscrit en feuilles.

Manuscrit autographe, signé, qui a servi pour l'impression du volume publié par le *Fin de siècle*, en 1895. Il est écrit sur papiers de divers formats, la seconde partie est sur papier d'hôpital. Il offre un certain nombre de variantes avec le volume imprimé.

On y a ajouté 4 dessins, dont un de Verlaine, représentant l'auteur à diverses époques de son enfance.

3065. Paul Verlaine. Confessions, illustrations de F.-A. Cazals. *Paris, « La Plume »*, 1899, in-12, broché.

Un des 6 exemplaires imprimés sur **papier du Japon**.

3066. Chair (dernières poésies). *Paris, Bibliothèque artistique et littéraire*, 1896, gr. in-16, broché.

Edition originale.

Un des **12** exemplaires imprimés sur **papier du Japon**, contenant le frontispice de Rops en **trois** états.

3067. Invectives. *Paris, Léon Vanier*, 1896, in-12, broché.

Edition originale.

Un des **71** exemplaires imprimés sur **papier de Hollande**, contenant une **pièce de poésie autographe** de l'auteur.

3068. *Fable ou histoire*, poésie autographe, signée, de Verlaine, datée de fin février 1895, 1 pag. in-8.

Publiée dans *Invectives*, pag. 54-55, sous le titre : *Anecdote*.
Variante dans l'avant-dernier vers de la troisième strophe.

3069. Œuvres posthumes. Vers et proses. *Paris, A. Messein*, 1903, in-12, broché.

Edition originale.

Un des **10** exemplaires imprimés sur **papier du Japon**.

On y a ajouté le **manuscrit autographe** de la seconde pièce du volume *Ægris somnia*.

3070. Paul Verlaine, poésies religieuses. Préface de J.-K. Huysmans. *Paris, A. Messein*, 1904, in-12, broché.

Edition originale.

Un des **15** exemplaires imprimés sur **papier de Hollande**.

3071. *Charles Husson*, par Paul Verlaine, pet. in-4 de 5 pag. 1/2, cartonn. demi-toile rouge.

Manuscrit autographe, signé, ayant servi pour l'impression dans la *Revue indépendante* en décembre 1888, pag. 339-344.

3072. *Arthur Rimbaud*, article autographe de Verlaine, 7 pag. in-8.

Article écrit à propos de l'édition des poésies complètes de Rimbaud publiée chez Vanier. Ce manuscrit a servi pour l'impression dans la *Revue des Beaux-Arts* et contient le texte intégral des *Effarés.*

On y a joint 5 *lettres autographes* de Verlaine, dont 4 adressées à l'abbé de Molènes, relatives à cet article.

3073. Curieux dessin à la plume, signé, de Verlaine, pet. in-4.

Dessin daté de Londres, 30 novembre 1893. Il représente Verlaine à genoux devant *sa chère Philomène*. Légende et dédicace autographes.

3074. Lettre autographe, signée, de Verlaine à son frère, 4 pag. in-8, la dernière écrite au crayon:

Curieuse lettre datée de Paliseul, Belgique, nuit de Noël. Elle est des plus pornographiques et l'on en citerait difficilement quelque passage. Verlaine a dessiné deux croquis à la plume dans le corps de la lettre ; on y a joint 1 feuille pet. in-4 contenant deux dessins de Verlaine, également à la plume.

3075. 3 lettres autographes, signées, de Verlaine (22 novembre 1886, 1er mai et 11-8bre 1887), ensemble 9 pag. in-8.

Belles et intéressantes lettres écrites de l'hôpital et adressées à un ami ; il parle de la querelle entre les symbolistes, les décadents et autres, de divers ouvrages qu'il a publiés, de sa situation actuelle et de ses projets d'avenir, etc.

3076. 2 lettres autographes, signées, de Verlaine à son amie Esther.

Lettres intimes écrites de l'hôpital, en 1892.

3077. Verlaine à l'hôpital, croquis de Cazals d'après son tableau, 1913.

Dessin exécuté à la plume sur papier pelure, et relevé de gouache.

3078. Ch. Donos. Verlaine intime, rédigé d'après les documents recueillis sur le Roi des Poètes, par son ami et éditeur Léon Vanier, illustré de gravures et d'autographes d'après les dessins et manuscrits de Paul Verlaine, gravés par Ch. Decaux. *Paris, Vanier,* 1898, in-12, cartonn. dos et coins de mar. rouge, tête dor., non rogné (*Carayon*).

Edition originale.
Exemplaire imprimé sur **papier de Hollande**.

3079. Edmond Lepelletier. Paul Verlaine, sa vie, son œuvre. Avec un portrait reproduit en héliogravure et un autographe. *Paris, Mercure de France,* 1907, in-8, broché.

Edition originale.
Un des **25** exemplaires imprimés sur **papier de Hollande.**

3080. VERMERSCH. Le grand testament du sieur Vermersch. *Paris*, 1868, plaquette, in-12, brochée.

Edition originale.
Envoi autographe de l'auteur à François Coppée, suivi de cette note autographe de Coppée : *Cet exemplaire du livre de Vermersch, devenu le fameux rédacteur du* Père Duchesne, *est offert, à son ami Chaze, par François Coppée, très satisfait d'avoir eu jadis de mauvaises connaissances, qui lui permettent aujourd'hui de faire la joie d'un bibliophile.*

F. C.

3081. VÉROLA (Paul). Les Orages, illustrations de J. Villeclère *Paris, Comptoir d'édition*, 1889, pet. in-8, broché.

Edition originale de ces poésies.

3082. VÉROLA (Paul). Les Baisers morts. Frontispice de Félicien Rops. *Paris, Bibliothèque artistique et littéraire*, 1893, in-18, pap. de Holl., broché.

Edition originale.
Envoi autographe de l'auteur à M. J. Le Petit sur le faux titre.

VEUILLOT (Louis).

3083. Les Français en Algérie, souvenirs d'un voyage fait en 1841. *Tours, Mame et Cie*, 1845, in-8, dos et coins de mar. bleu foncé, fil., dos orné, tête dor., couverture illust. (*Bretault*).

Titre gravé et 3 figures de *Girardet*, gravées par *Ruhierre*.

3084. Les Odeurs de Paris, par Louis Veuillot. *Paris, Palmé*, 1867, in-8, broché.

Edition originale.

3085. *Vive Trochu*, article autographe, signé, de Louis Veuillot, in-4 de 4 pag., cartonn. papier.

Article découpé pour l'impression dans un journal et remonté sur papier fort.

3086. 2 lettres autographes, signées, de Louis Veuillot.

La première (2 pag. in-8), datée du 15 mai 1858, est adressée à Escudier, directeur du *Réveil*. Lettre très intéressante relative au poète Brizeux. La troisième page est occupée par un reçu de Veuillot pour trois articles donnés au *Réveil*.

La seconde lettre, non datée et d'une page 1/2 in-4, est relative à la saisie des papiers de Veuillot à son retour de Rome.

3087. 2 lettres autographes, signées, de Louis Veuillot, ens. 4 pag. in-8.

1° Curieuse lettre à A. de Pontmartin. Il le félicite de son opinion sur Béranger;

2° Très curieuse lettre à un abbé, relative à Alexandre Dumas père.

VICAIRE (Gabriel).

3088. Emaux bressans. *Paris, Charpentier et Cie*, 1884, in-12, broché.

Edition originale.
Un des 25 exemplaires imprimés sur **papier de Hollande.**

3089. Emaux bressans. *Paris, Henri Leclerc*, 1904, gr. in-16, texte encadré de filets de couleurs, broché.

Seconde édition.
Un des 50 exemplaires imprimés sur **papier du Japon.**

3090. Les Déliquescences, poèmes décadents d'Adoré Floupette (par Gabriel Vicaire et Henri Beauclair). *Byzance, Lion Vanné (Paris, Vanier)*, 1885, in-18, broché.

Edition originale.
Un des quelques exemplaires portant les noms des auteurs dans le haut de la couverture.

3091. Les Déliquescences, poèmes décadents d'Adoré Floupette, avec sa vie par Marius Tapora. *Bizance, chez Lion Vanné*, 1885, in-18, broché.

Deuxième édition augmentée de la vie d'Adoré Floupette.
Un des 50 exemplaires imprimés sur **papier de Hollande.**

3092. Le Miracle de St Nicolas. *Paris, Lemerre*, 1888, in-12, broché.

Edition originale.
Un des 5 exemplaires imprimés sur **papier de Chine.**

3093. Quatre-vingt-neuf, poème couronné par le Jury de l'Exposition de 1889. *Paris, Lemerre*, 1889. — Marie-Madeleine. *Ibid, id.*, 1889 (Un des 5 ex. sur Hollande). — A la bonne franquette. *Ibid., id.*, 1892. — Le Clos des fées. *Ibid., id.* 1897. — Livingstone, poème. *Paris*, 1904 (Tirée à 100 ex.). — Ens. 5 vol. et plaq. in-12 dont 4 brochés et 1 cartonn.

Editions originales.

3094. Gabriel Vicaire et Jules Truffier. Fleurs d'avril, comédie en un acte, en vers. *Paris, Tresse et Stock,* 1890. — La Farce du mari confondu, en un acte, en vers, par les mêmes. *Paris, Lemerre,* 1895. Ens. 2 plaquettes in-12, brochées.

EDITIONS ORIGINALES.
Chaque plaquette porte *un envoi autographe* des auteurs ; le premier à Got, et le second, à G. Larroumet.

3095. L'Heure enchantée. *Paris, Lemerre,* 1890, in-12, broché.

EDITION ORIGINALE.
Un des 5 exemplaires imprimés sur **papier de Hollande**.

3096. Au Bois joli. *Paris, Lemerre,* 1894, in-12, broché.

EDITION ORIGINALE.
Un des 5 exemplaires imprimés sur **papier Whatman**.

3097. Au Pays des Ajoncs. Avant le soir. *Paris, Henri Leclerc,* 1901, pet. in-8, broché.

Seule édition de ce recueil de poésies.
Un des 70 exemplaires imprimés sur **papier de Hollande**.

3098. Etudes sur la poésie populaire, légendes et traditions. *Paris. Henri Leclerc,* 1902, pet. in-8, broché.

Seule édition de cet ouvrage.
Un des 40 exemplaires imprimés sur **papier de Hollande**.

3099. VIDAL (Jules). Blanches mains. *Paris, Giraud et Cie,* 1886, in-12, cartonn. toile rouge, non rogné, couverture (*Pierson*).

EDITION ORIGINALE.
Un des 5 exemplaires imprimés sur **papier du Japon**, auquel on a ajouté une page du manuscrit du livre.
Signature d'Edmond de Goncourt sur le feuillet de garde.

VIÉLÉ-GRIFFIN (Francis).

3100. Ancaeus, poème dramatique (1885-87). *Paris, Vanier, s. d.* (1888), pet. in-8, demi-rel. mar. vert, tête dor., non rogné (*Couvert.*).

EDITION ORIGINALE.
Hommage autographe de l'auteur à Catulle Mendès sur le feuillet de garde.

3101. Cueille d'Avril. *Paris, Vanier,* 1886, in-16, demi-rel. mar. vert, tête dor., non rogné (*Couvert.*).

ÉDITION ORIGINALE.

3102. Joies, poèmes (1888-89). *Paris, Tresse et Stock,* 1889, pet. in-8, demi-rel. mar. vert, tête dor., non rogné. (*Couvert.*).

ÉDITION ORIGINALE.

3103. Les Cygnes, nouveaux poèmes (1890-91). *Paris, Vanier,* 1892, in-16, mar. vert foncé, plat orné de 2 cygnes et de nénuphars mosaïqués, tête dor., non rogné (*Couvert.*).

ÉDITION ORIGINALE.
Exemplaire imprimé sur **papier de Hollande.**

3104. La Chevauchée d'Yeldis et autres poèmes (1892). *Paris, Vanier,* 1893, in-12, demi-rel. mar. vert, tête dor., non rogné (*Couvert.*).

ÉDITION ORIGINALE.

3105. Poèmes et Poésies. *Paris, Mercure de France,* 1895, in-12, broché.

Un des **3** exemplaires imprimés sur **papier du Japon.**

3106. La Clarté de vie. *Paris, Mercure de France,* 1897, in-12, broché.

ÉDITION ORIGINALE.
Hommage autographe de l'auteur à José Maria de Heredia sur le faux titre.

3107. La Légende ailée de Wieland le forgeron. *Paris, Mercure de France,* 1900, in-8, broché.

ÉDITION ORIGINALE.
Un des **12** exemplaires imprimés sur **papier de Hollande.**

3108. *Jules Ferry « Père du Symbolisme ».* Pet. in-fol. de 4 ff. cartonn. papier gris.

Manuscrit autographe, signé, de Francis Viélé-Griffin ayant servi pour l'impression dans le *Mercure de France.*

VIGNY (Alfred de).

3109. Poèmes. Héléna, le Somnambule, la Fille de Jepté, la Femme adultère, le Bal, la Prison, etc. *Paris, Pélicier,* 1822, in-8, broché.

ÉDITION ORIGINALE.
Le dos de la couverture manque.

3110. Notes sur *Héléna,* pet. in-4 de 5 pag., cartonn. en papier.

Manuscrit autographe, signé et daté du 25 avril 1862. Il a été publié dans *Alfred de Vigny, journal d'un poète,* par Louis Ratisbonne, pag. 277-280. La fin du manuscrit offre une variante avec l'imprimé.

3111. Éloa, ou la sœur des anges, mystère. Par le Cte Alfred de Vigny, auteur du Trapiste, etc. *Paris, Auguste Boulland et Cie,* 1824, in-8, broché.

Edition originale ; exemplaire non coupé.
On y ajoute un fragment de huit vers supprimés dans *Eloa,* autographe d'Alfred de Vigny.

3112. Poèmes antiques et modernes, par le comte Alfred de Vigny, Le Déluge, Moïse, Dolorida, le Trapiste, la Neige, le Cor. *Paris, Urbain Canel,* 1826, in-8, dos et coins de mar. grenat, tête dor., non rogné (*Couvert.*).

Edition en partie originale.

3113. Cinq-Mars, ou une conjuration sous Louis XIII, par le comte Alfred de Vigny. *Paris, Urbain Canel,* 1826, 2 vol. in-8, demi-rel. basane brune, tr. jasp. (*Rel. de l'époque*).

Edition originale.
Exemplaire imprimé sur **papier vélin fin**; très rare.

3114. Cinq-Mars, ou une conjuration sous Louis XIII, par le comte Alfred de Vigny. *Paris, Urbain Canel,* 1826, 2 vol. in-8, demi-rel. basane brune, tr. jasp. (*Rel. de l'époque*).

Edition originale.
Sur le faux titre,

Témoignage d'attachement.
Alfred.

Les trois dernières lettres du mot attachement ont été rognées par le relieur.

3115. Cinq-Mars, ou une conjuration sous Louis XIII, par le comte Alfred de Vigny. *Paris. Urbain Canel,* 1827, 2 vol. in-8, demi-rel. veau fauve, tr. marb. (*Rel. de l'époque*).

Troisième édition, revue et corrigée.
Sur le faux titre, l'envoi suivant, très probablement au Bon Taylor.

Témoignage d'amitié
d'un frère d'armes.
Alfred de Vigny.

3116. Cinq-Mars, ou une conjuration sous Louis XIII, par le comte Alfred de Vigny. *Paris, Gosselin,* 1829, 4 vol. in-12, brochés.

Quatrième édition, la première contenant les : *Réflexions sur la vérité dans l'art.*

3117. Sur *Cinq-Mars.* Recueil manuscrit de 7 feuillets, cartonn. en papier.

Ce **recueil autographe** d'Alfred de Vigny a été publié par L. Ratisbonne dans le *Journal d'un poète.* Il renferme :

1° La note du 6 décembre 1826 (pag. 34 du *Journal*). Curieuse opinion de Vigny sur *Cinq-Mars.*

2° *Sur Cinq-Mars* (pag. 238-241 du *Journal*). Jolie notice de Vigny donnant de très intéressants détails sur sa manière de travailler dans sa jeunesse et sur le plan de son futur roman.

3118. Poèmes, par M. le comte Alfred de Vigny, auteur de Cinq-Mars. Seconde édition, revue, corrigée et augmentée. *Paris, Charles Gosselin,* 1829, in-8, demi-rel. veau fauve, tr. marb. (*Rel. de l'époque*).

Sur le faux titre :

Souvenir d'un frère d'armes
et d'un ami.
ALFRED DE VIGNY.

De la bibliothèque du Bon Taylor.

3119. La Frégate « la Sérieuse », pet. in-8 de 5 pag., cartonn. en papier.

Manuscrit autographe signé et daté de juillet 1832. Il est composé des strophes I, III, XV et du premier vers de la strophe XVI du poème *La Frégate la Sérieuse ou la plainte du Capitaine* terminant le recueil de poèmes de 1829.

Belle pièce.

3120. Le More de Venise, Othello, tragédie traduite de Shakspeare, en vers français, par le Cte Alfred de Vigny et représentée à la Comédie-française, le 24 octobre 1829. *Paris, Levavasseur, Urbain Canel,* 1830, in-8, cartonn. dos et coins de mar. bleu, non rogné (*Champs*).

ÉDITION ORIGINALE.

On y a ajouté une *lettre autographe* (1 page) d'Alfred de Vigny au Bon Taylor, datée du 20 Juillet 1829 et relative aux répétitions de la pièce.

3121. Lettre autographe, signée, d'Alfred de Vigny au comte de Saint-Priest, 10 octobre 1829, 4 pag. in-8.

Belle lettre entièrement relative à la première représentation d'*Othello* au Théâtre français.

On y a joint une note du Ministère de l'Intérieur refusant que cette pièce fut jouée sur la scène de l'Ambigu comique.

3122. Lettre autographe, signée, d'Alfred de Vigny à Alexandre Dumas, 14 octobre 1829, 1 pag. in-8.

Relative aux places auxquelles Vigny a droit pour la première représentation d'*Othello*.

On y a joint un *fragment d'Othello* (13 vers) *autographe*, signé, d'Alfred de Vigny. « J'étais heureux hier. Et maintenant, adieu. »

3123. Paris. — Elévation par M. le comte Alfred de Vigny, auteur de Cinq-Mars, d'Eloa, etc. *Paris, Charles Gosselin*, 1831. in-8 de 27 pag., broché.

Edition originale, très rare.

3124. La Maréchale d'Ancre, drame par M. le comte Alfred de Vigny. *Paris, Charles Gosselin*, *Barba*, 1831, in-8, frontispice de Tony Johannot lithographié, dos et coins de mar. grenat à longs grains, filet., dos plat orné, non rogné, couverture (*Canape*).

Edition originale ; la couverture est tirée sur papier bleu

3125. La Maréchale d'Ancre, drame par M. le comte Alfred de Vigny. *Paris, Charles Gosselin, Barba*, 1831, in-8, frontispice de Tony Johannot lithographié, broché.

Edition originale ; la couverture est tirée sur papier gris.

3126. Les Consultations du Docteur-Noir. Stello ou les Diables bleus (blue devils), par le Comte Alfred de Vigny. Première consultation. *Paris, Charles Gosselin, Eugène Renduel*, 1832, in-8, mar. vert foncé, fil., dos orné, tr. dor. sur témoins (*Brany*).

Edition originale ornée de 3 vignettes de *Tony Johannot*, gravées sur bois par *Brévière* et tirées sur Chine volant.

On y a ajouté 2 lettres, l'un d'Emile Deschamps, l'autre de Gabriel Soumet, toutes deux relatives à *Stello*.

3127. Les Consultations du Docteur-Noir. Stello, par le Comte Alfred de Vigny. Première consultation. *Paris, Delloye et Lecou,* 1838, in-8, demi-rel. veau violet, tr. jasp. (*Rel. de l'époque*).

Quatrième édition, tome VII des *Œuvres complètes,* publ. par Delloye et Lecou.

Sur le feuillet de garde :

à Monsieur Guizot,
de la part de l'auteur
Alfred de Vigny.
Mars
1842

3128. Servitude et grandeur militaires, par M. le Comte Alfred de Vigny. *Paris, Félix Bonnaire, Victor Magen,* 1835, in-8, dos et coins de mar. vert foncé, tête dor., non rogné (*Couvert.*).

Edition originale ; la couverture, en assez mauvais état, a été doublée.

Lettre autographe, signée (1 pag.), d'Alfred de Vigny, ajoutée. Elle est datée du 28 juin 1838.

3129. Servitude et grandeur militaires, par le Comte Alfred de Vigny. *Paris, L. Hérail,* 1836, in-8, dos et coins de mar. rouge à longs grains, filet, dos orné, non rogné, couverture (*Canape*).

Seconde édition.

Envoi autographe d'Alfred de Vigny, ainsi libellé :

Sur la couverture,

M. Cordelier de La Noue
64 rue Vaugirard

et sur le faux titre,

de la part de l'auteur
Alfred de Vigny.

3130. Servitude et grandeur militaires, par le Comte Alfred de Vigny. *Paris, Victor Magen,* 1836, in-8, dos et coins de mar. grenat, filet, dos orné, tête dor., non rogné (*Champs*).

Seconde édition.

Le titre est à l'adresse de Victor Magen ; il est, ainsi que le faux titre, d'une composition différente que dans l'édition précédente.

En tête du volume, quatre pages d'annonce de publications de Magen.

3131. Chatterton, drame par le comte Alfred de Vigny. *Paris, Hippolyte Souverain,* 1835, in-8, mar. rouge, jans., tête dor., non rogné (*Joly*).

Edition originale ornée d'un frontispice d'*Edmond May,* gravé à l'eau-forte et tiré sur Chine dans cet exemplaire.

Portrait de Mme Dorval, dans *Chatterton,* gravé par *Ed. Hédouin,* épreuve sur Chine, ajouté.

3132. Chatterton, drame par le comte Alfred de Vigny. *Paris, Hippolyte Souverain,* 1835, in-8, broché.

Édition originale avec une nouvelle couverture et un titre portant : Deuxième édition. Le frontispice de May n'est pas tiré sur Chine.

Bel exemplaire.

3133. 3 notes autographes d'Alfred de Vigny relatives à *Chatterton,* 3 pag. in-8.

Copie par Alfred de Vigny des sonnets d'Alfred de Musset et de Mme Sanes (?) composés sur *Chatterton* quelques jours après la représentation de ce drame.

16 lignes, rôle de Chatterton, non publiées dans la pièce.

3134. Lettres, billets, pièces de vers, envoyés à Alfred de Vigny à propos de la première représentation de *Chatterton.*

Très intéressant et curieux dossier.

Lettres de félicitations à l'auteur, quelques-unes de remerciements d'envois de billets pour la première représentation.

Ce dossier renferme :

1° 38 lettres autographes, signées, de Sainte-Beuve, Henri Heine, Lassailly, Ballanche, A. Barbier, Comtesse d'Agoult, Ziegler, Emile Deschamps, Augustin Soulié, Anna Liszt, Antoni Deschamps, Geffroy, Chaudesaigues, Brizeux, etc.

Deux lettres, demandes de secours, portent des annotations autographes d'Alfred de Vigny. Sur la première : *Placé instituteur d'un jeune anglais. Quatre mille francs par an, 1835. Sauvé.* — La seconde lettre, des plus émouvantes, porte ces quelques mots d'Alfred de Vigny : *Suicide que j'ai eu le malheur de ne pouvoir empêcher,* Xbre 1835.

2° 9 poésies d'Adolphe Dumas, d'Adolphe Breulier, P. Chevalier, A. Roques, Marquis de Cubières, E. Arnould, de Gasté, élève du collège d'Alençon. Ces deux dernières avec annotations d'Alfred de Vigny.

3135. 5 lettres autographes, signées, d'Alfred de Vigny au baron Taylor, 1828-1840. Ens. 12 pag. in-8.

Ensemble intéressant ; ces lettres sont relatives à *Chatterton,* à *Othello* et à *Romeo et Juliette.* L'une donne de curieux détails sur l'emploi par Alfred de Vigny des billets d'auteur donnés par la Comédie française. Dans deux lettres, Vigny montre son admiration pour Mlle Mars dans le rôle de Desdemona d'*Othello.*

De la vente du Baron Taylor, faite en 1880.

3136. Théâtre. *Paris, Delloye et Lecou,* 1838-1839, 2 vol. in-8, veau fauve, fil., dos orné, non rognés (*Bauzonnet*).

Bel exemplaire des bibliothèques Soleinne et Bon Taylor.

Tomes V et VI des *Œuvres complètes.*

3137. Théâtre complet. Septième édition, revue et corrigée. *Paris. Librairie nouvelle*, 1858, in-8, cartonn. toile grise, non rogné.

Sur le faux titre, l'envoi autographe suivant :

A M. F. Ponsard
témoignage d'amitié
de son confrère
ALFRED DE VIGNY.

fév. 1861.

3138. La Maison du berger, poème par le Cte Alfred de Vigny. *Paris, Imprimerie de H. Fournier et Cie*, 1844, in-8, de 16 pag., broché.

EDITION ORIGINALE, très rare.

Extrait de la *Revue des deux-mondes* du 15 juillet 1844.

Exemplaire doublement précieux, d'abord parce qu'il porte *un envoi autographe* de l'auteur « A ma Lydia » (sa femme) et qu'il contient **le manuscrit autographe,** signé, des 10 dernières strophes (4 pag. in-8), de la première partie du poème et un titre : *Les Chemins de fer (Fragment)*.

3139. Discours d'Alfred de Vigny pour sa réception à l'Académie française (29 Janvier 1846), pet. in-8, format agenda, cartonn. papier.

Epreuves d'un feuilleton de journal ; elles sont surchargées de **corrections, changements ou additions autographes** d'Alfred de Vigny dont on a tenu compte dans l'édition officielle de l'Institut publiée quelque temps après.

3140. Les Destinées, poëmes philosophiques, par le Cte Alfred de Vigny. *Paris, Michel Lévy frères*, 1864, in-8, broché.

EDITION ORIGINALE.

Le portrait signalé par M. Vicaire ne s'y trouve pas ; il manque d'ailleurs très souvent.

3141. Correspondance d'Alfred de Vigny, 1816-1863, recueillie et publiée par Emma Sakellaridès. *Paris, Calmann-Lévy, s. d.* (1905), in-12, broché.

EDITION ORIGINALE.

Un des **25** exemplaires imprimés sur **papier de Hollande.**

3142. Daphné (deuxième consultation du Docteur Noir), œuvre posthume publiée d'après le manuscrit original, avec une préface et des notes par Fernand Gregh. Edition définitive. *Paris, Delagrave, s. d.* (1913), pet. in-12, broché.

EDITION ORIGINALE.

Un des **40** exemplaires imprimés sur **papier du Japon.**

3143. Sonnets et stances. Recueil de 9 pièces en 1 vol., pet. in-4, cartonn. en papier.

Sonnets et stances autographes d'Alfred de Vigny publiés par L. Ratisbonne dans le *Journal d'un poète*. Ce recueil renferme :

1° *Sonnet* (signé) *pour le bal de l'Opéra, peu de temps après l'exécution de Fieschi* (pag. 295 du *Journal*, sous le titre : *L'Esprit parisien*).

2° *Daniel*, sonnet daté du 14 mai 1837 (pag. 296 du *Journal*).

3° Le même sonnet sous le titre de *Suzanne*.

4° *La Trinité humaine*, sonnet daté du 9 mai 1838 (pag. 297 du *Journal*).

5° *Aux Sourds-muets*, sonnet signé et daté du 9 novembre 1839 (pag. 299 du *Journal*).

6° *La Poésie des nombres*, petit poème daté du 20 avril 1840 (pag. 300 du *Journal*).

7° *Pâleur*, sonnet signé et daté du 15 avril 1848 (pag. 301 du *Journal*).

8° *Sonnet à Evariste Boulay-Paty*, 15 avril 1852 (pag. 302 du *Journal*).

9° *Stances*, 16 décembre 1850 (pag. 304 du *Journal*) où cette pièce est suivie de cette note de L. Ratisbonne : « J'ai voulu finir sur ces vers d'une suavité si pénétrante, d'une touche de Corrège...

3144. Pièce manuscrite sur les mots historiques, 1 pag. in-4 oblong.

Belle page d'album, autographe, d'Alfred de Vigny sur les mots historiques : *La garde meurt et ne se rend pas. — Fils de St Louis, montez au Ciel*, etc.

Cette page est datée du 14 mai 1826.

3145. Manuscrit dans lequel Vigny raconte les débuts de sa correspondance avec le prince royal de Bavière, pet. in-8, de 4 pag., cartonn. en papier.

Manuscrit autographe publié dans le *Journal d'un poète* ; il offre quelques légères variantes avec l'imprimé et un passage est resté inédit.

Ce manuscrit est incomplet de quelques lignes à la fin.

3146. Notices diverses, projet de poème, ensemble 12 pag. manuscrites en 1 vol. pet. in-8, cartonn. en papier.

Manuscrits autographes d'Alfred publiés dans le *Journal d'un Poète* (pag. 241 à 244 et pag. 265-266).

Ces diverses pièces ont pour titres : *Une Epoque, un caractère. — 27 Juin. — Le Désir. — Ni Amour ni haine. — De la bonté. — Cassandre ou un dieu.*

Une page : *Drame. Un Othello sans amour*, a été barrée de traits de plume et n'a pas été publiée dans le *Journal*.

3147. Récit de la mort de sa mère (22 décembre 1837), pet. in-8, manuscrit, de 19 ff., cartonn. en papier.

Précieux manuscrit autographe d'Alfred de Vigny publié dans le *Journal d'un poète*.

En plus de quelques légères variantes avec l'imprimé, ce manuscrit renferme un passage de 21 lignes qui est resté inédit. Il est relatif aux rapports de la mère d'Alfred de Vigny avec ses proches dans les dernières années de sa vie.

3148. Album romantique, in-12, mar. violet, grand encadrement avec motif intérieur, le tout composé avec fers dorés et à froid à la cathédrale, mosaïqués de mar. de diverses couleurs, tr. dor.

Parmi les pièces que renferme le volume se trouve un fragment d'*Eloa*, **autographe et signé** d'Alfred de Vigny, daté de juillet 1835. C'est un fragment (17 vers) du chant III, commençant par :

Sur la neige des monts, couronne des Asturies.

Reliure romantique bien conservée.

3149. Album romantique, in-4 oblong., mar. violet foncé, fil. et dent. à froid, plaque à froid, tr. dor.

Recueil de 9 dessins et portraits charges à la sépia et à la mine de plomb et de 6 poésies d'Emile Deschamps, de J. de St Félix d'Amoreux et d'Alfred de Vigny.

La **belle pièce autographe**, signée, d'**Alfred de Vigny** est un fragment de 5 pag. 1/2 de la *Frégate la Sérieuse* publiée pour la première fois dans les *Poèmes* de 1829.

Ce fragment comprend les deux dernières parties du poème : *Le Repos*, en entier, et la plus grande partie de *Le Combat*.

3150. Lettre autographe, signée, d'Alfred de Vigny à Abel Hugo, 26 Mai (1821), 3 pag. in-8.

Belle et très intéressante lettre à Abel Hugo, fondateur, avec son frère Victor, du *Conservateur littéraire* (D[bre] 1819-Mars 1821). Elle est, en partie, relative à une étude d'Afred de Vigny sur lord Byron dont le premier article seul a été publié dans cette revue (tom. III, pag. 212-216). La lettre se termine par des demandes de nouvelles sur Gaspard de Pons, Lefebvre et Emile Deschamps.

3151. Lettre autographe, signée, d'Alfred de Vigny à Augustin Soulié, Dieppe, 20 Juillet 1827, 3 pag. in-8.

Belle et intéressante lettre dans laquelle il fait l'éloge de Mme de B***, il a eu l'intention d'aller à Londres chercher la duchesse de D*** ; il attend la naissance de son nouveau frère ; il quittera avec regrets l'Océan, etc.

3152. Lettre autographe, signée, d'Alfred de Vigny à M. Talandier, 22 Janvier 1829, 2 pag. 1/2 in-8.

Jolie lettre littéraire. Il regrette de ne pouvoir communiquer les beaux vers que lui demande M. Talandier, vers qui lui avaient été lus par Emile Deschamps. Quand il verra Victor Hugo, il lui enlèvera les beaux vers de leur illustre ami et en communiquera une copie à M. Talandier.

3153. Lettre autographe, signée, d'Alfred de Vigny à Fontaney (l'écrivain romantique), 10 Mars 1832, 3 pag. in-8.

Jolie lettre. Il s'occupe de l'affaire de Fontaney avec M. de Saint Priest ; ils iront ensemble à la Porte Saint-Martin admirer Mme Dorval ; il parle à Fontaney d'un voyage que ce dernier veut faire au Brésil.

3154. Lettre autographe, signée, d'Afred de Vigny à son bon ami Antoni (Deschamps), 18 Avril 1835, 3 pag. 1/2 in-8.

Belle et touchante lettre écrite au poète Antoni Deschamps à la réception de son recueil de poésies (sans doute *Dernières paroles*, publiées en 1835), il essaie, de la manière la plus affectueuse, de le consoler sur son état maladif.

Publiée dans la *Correspondance d'Alfred de Vigny*, pag. 60-61.

3155. Lettre autographe, signée, d'Alfred de Vigny, 29 septembre 1847, 4 pag. in-8.

Très jolie lettre sur la mort de Frédéric Soulié.

3156. Lettre autographe, signée, d'Alfred de Vigny à Martial Palemel, à Angoulème, 27 novembre 1850, 5 pag. 1/2 in-8.

Belle et intéressante lettre dans laquelle il parle du volume des poésies de Palemel qu'il attend, d'*Eloa*, de *Chatterton* ; il félicite chaleureusement Martial Palemel de ses vers qu'il a lus et même relus, il lui donne quelques conseils littéraires et lui peint sa vie à Blonzac, d'où cette lettre est écrite.

3157. Lettre autographe, signée, d'Alfred de Vigny (à M. Alph. de Calonne), 17 Décembre 1855, 3 pag. in-8.

Belle lettre relative à la collaboration d'Alfred de Vigny à la *Revue contemporaine*.

VILLIERS DE L'ISLE ADAM

3158. Deux Essais de poésie, par le comte Villiers de l'Isle-Adam. *Paris, Imprimerie de L. Tinterlin et Cie*, 1858, in-8, de 15 pag., dos et coins de mar. rouge, fil. (*Couvert.*).

Édition originale d'une plaquette des plus rares ; la couverture, en papier vert, est sans titre.

Cette plaquette renferme une *Ballade*, réponse d'indignation naturelle à une phrase prononcée dans un banquet anglais : « Leur Drapeau tricolore, emblème de la tyrannie, est couvert de crimes et de meurtres » et *Zaïra, poésie orientale*.

3159. Premières poésies, 1856-1858. *Lyon, Scheuring et Cie*, 1859, pet. in-8, veau marb. rouge, fil. et fleur dor. sur les plats, tête dor., non rogné.

Édition originale.

Exemplaire, peut-être unique, imprimé sur le **papier quadrillé en or** de la couverture des exemplaires de cette édition.

On y a ajouté **une poésie autographe** de l'auteur : *Réveil*, 20 vers, signée Villiers.

3160. Premières poésies, 1856-1858. *Lyon, Scheuring et Cie*, 1859, pet. in-8, broché.

Édition originale.

Sur le faux titre, l'*envoi autographe* suivant :

A Monsieur Fernand Lalanne
Souvenir placé entre deux poignées
de main sincères
Auguste Villiers de l'Isle Adam.

3161. Auguste Villiers de l'Isle-Adam. Isis. *Paris, Dentu*, 1862, in-8, broché.

Édition originale.

Sur le faux titre :

A Monsieur Arthur de Boissieu,
Hommage de vive sympathie
Cte de Villiers de l'Isle Adam.

3162. Elën, drame en trois actes, en prose, par Auguste Villiers de L'Isle-Adam. *Saint-Brieuc, Imprimerie-librairie Guyon Francisque*, 1866, in-8, cartonn. demi-toile bleue, non rogné (*Couvert.*).

Deuxième édition.

Sur le titre :

A mon cher ami Michel Baronnet,
Souvenir cordial,
Villiers de l'Isle Adam.

3163. Morgane, drame en cinq actes et en prose. *Paris, Chamuel,* 1894, in-8, broché.

Un des **100** exemplaires imprimés sur **papier du Japon**.

3164. La Révolte, drame en un acte, en prose. *Paris, Lemerre,* 1870, in-12, cartonn. toile rouge, non rogné.

EDITION ORIGINALE.
Un des **5** exemplaires imprimés sur **papier de Chine**.

3165. Le Nouveau-Monde, drame en 5 actes, en prose. *Paris, Richard et Cie,* 1880, gr. in-8, broché.

EDITION ORIGINALE.
Sur le faux titre :

A Monsieur le comte Didier de Chousy
Affectueux hommage de
l'auteur
VILLIERS DE L'ISLE ADAM.

3166. Contes cruels. *Paris, Calmann Lévy,* 1883, in-12, cartonn. dos et coins de toile bleue, non rogné, couverture (*Champs*).

EDITION ORIGINALE.
Sur le faux titre :

A mon ami Edmond Bailly
en cordial souvenir
VILLIERS DE L'ISLE ADAM.

3167. L'Eve future. *Paris, M. de Brunhoff,* 1886, in-12, cartonn. toile dorée, non rogné (*Couvert.*).

EDITION ORIGINALE.
Un des très rares exemplaires imprimés sur **papier de Hollande**. On y a ajouté un frontispice à l'aquarelle et *une jolie lettre autographe* de Villiers de l'Isle Adam.

3168, L'Amour suprême. *Paris, de Brunhoff,* 1886, in-12, broché.

EDITION ORIGINALE.
L'édition de format in-8, annoncée dans la collection Monnier, n'a jamais été publiée.
Sur le faux titre :

à Monsieur Hébrard
Bien sympathique hommage
de l'auteur
VILLIERS DE L'ISLE ADAM.

On y a joint *une intéressante note autographe* (1 p. in-4) de l'auteur relative à ses démêlés avec l'éditeur de ce volume.

3169. L'Eléphant sacré à Londres, in-fol., demi-rel. mar. citron.

Manuscrit autographe de l'auteur.

On y a joint l'extrait de la *Revue illustrée* où la nouvelle a été publiée sous le titre : *La Légende de l'Eléphant blanc.*

Lettre autographe de l'auteur également ajoutée.

Cette nouvelle a paru pour la première fois dans l'*Amour suprême* sous les deux titres ci-dessus.

3170. Akëdysseril. *Paris, M. de Brunhoff*, 1886, gr. in-8, cartonn. dos et coins de mar. La Vall., non rogné (*Couvert.*).

Première édition illustrée tirée à 250 exemplaires sur papier du Japon, avec portrait de Villiers de l'Isle Adam et frontispice par *F. Rops.* Ce dernier est en trois états.

Cinq lignes autographes, signées, de Villiers de l'Isle au-dessous d'une épreuve du frontispice.

3171. Tribulat Bonhomet. *Paris, Tresse et Stock, s. d.* (1887), in-12, mar. olive, jans., tête dor., non rogné, couverture, étui (*Dupré*).

Edition originale.

Un des **10** exemplaires imprimés sur **papier du Japon**, auquel on a ajouté *une lettre autographe de l'auteur* à Asselineau relative aux œuvres inédites de Baudelaire et une carte de visite contenant six lignes autographes de Villiers de l'Isle Adam.

3172. Tribulat Bonhomet. *Paris, Tresse et Stock, s. d.* (1887), in-12, broché.

Edition originale.

Un des **10** exemplaires imprimés sur **papier de Hollande.**

3173. Nouveaux contes cruels. *Paris, Librairie illustrée, s. d.* (1888), in-18, cartonn. dos et coins de mar. vert foncé, non rogné (*Couvert.*).

Edition originale.

3174. Nouveaux Contes cruels et propos d'au-dela. *Paris, Calmann Lévy*, 1893, in-12, broché.

Edition originale des *Propos d'au-dela.*

Un des **40** exemplaires imprimés sur **papier de Hollande.**

3175. Histoires insolites. *Paris, Librairie moderne,* 1888, in-12 broché.

Edition originale.

Un des **10** exemplaires imprimés sur **papier de Hollande.**

Sur le faux titre :

à Gustave Guiches
son vieux confrère et ami
Villiers de l'Isle Adam.

3176. Axël. *Paris, Maison Quantin,* 1890, in-8, dos et coins de mar. rouge. fil., dos orné, tête dor., non rogné, couverture (*Canape*).

Edition originale.
On y a ajouté 3 dessins à l'encre de Chine et *une petite lettre autographe* de l'auteur.

3177. Axël. *Paris, Maison Quantin,* 1890, in-8, mar. rouge, jans., tr. dor. (*Couvert.*).

Edition originale.
Exemplaire imprimé sur **papier de Hollande** pour l'éditeur.

3178. Chez les passants (fantaisies, pamphlets et souvenirs), frontispice de Félicien Rops. *Paris, Comptoir d'édition,* 1890, in-12, broché.

Edition originale.
Un des **15** exemplaires imprimés sur **papier du Japon**, contenant le frontispice en deux états.

3179. Chez les passants. *Paris, Georges Crès et Cie*, 1904, in-12, broché.

Cette édition est augmentée de *Pages retrouvées* (pag. 233 à 293), la plupart publiées dans diverses revues.
Un des **25** exemplaires imprimés sur **papier vélin d'Arches.**

3180. L'Evasion, drame en un acte, en prose. *Paris, Tresse et Stock,* 1891, in-12, broché.

Edition originale.

3181. Le Couronnement de M. Grévy, grand placard imprimé.

3182. *L'Espérance,* poésie autographe, signée, de Villiers de l'Isle-Adam, pet. in-8 de 4 pages. cartonn. papier gris.

Jolie pièce provenant de la vente Pochet.

3183. Villiers de l'Isle-Adam, conférence par Stéphane Mallarmé. *Paris, Librairie de l'Art indépendant,* 1890, gr. in-8 de 43 pag., cartonn. en soie verte brochée, tête dor., non rogné (*Couvert.*).

Edition originale.
Un des **45** exemplaires imprimés sur **papier de Hollande.**

3184. R. du Pontavice de Heussey, Villiers de l'Isle-Adam, l'écrivain, l'homme, avec portrait et fac-similé d'autographe. *Paris, Savine,* 1893, in-12, broché.

Edition originale.
Un des **10** exemplaires imprimés sur **papier de Hollande.**

3185. VINCENT (Charles) et Edouard PLOUVIER. Les Refrains du Dimanche. Cinquante chansons, douze gravures par Gustave Doré. *Paris, Librairie de Coulon-Pineau, s. d.* (1856), in-12, broché.

Edition originale.
Envoi autographe de Ch. Vincent sur le faux titre.
La couverture est imprimée sur papier bleue ; il y a des exemplaires de cette édition dont la couverture est imprimée sur papier marron et dont le libellé est différent.

3186. VOYAGE OU IL VOUS PLAIRA, par Alfred Johannot, Alfred de Musset et P. J. Stahl. *Paris, Hetzel,* 1843, pet. in-4, cartonn. de mar. brun, jans., non rogné, couverture illust. (*Champs*).

Première édition.
Bel exemplaire relié sur brochure ; la couverture est tirée en rouge et noir, sur papier blanc crème ; elle est ornée de 4 vignettes et la quatrième page renferme des annonces de livres dans un encadrement formé de petits vignettes. Il existe, au moins, trois couvertures différentes pour ce livre.

3187. VOYAGE DE PARIS A LA MER, par Rouen et Le Havre. Description historique des villes, bourgs, villages et sites sur le parcours du chemin de fer et des bords de la Seine, orné de 75 gravures et 7 vignettes dessinées sur les lieux par Morel Fatio, de quatre cartes et plans gravés par P. Tardieu. *Paris, Baudin, s. d.* (1845), pet. in-8, cartonn. demi-toile bleue, ébarbé (*Couvert. illust.*).

8 figures hors texte gravées sur acier et vignettes dans le texte gravées sur bois.
On y a ajouté l'affiche des heures des trains à l'ouverture du chemin de fer de Rouen au Havre, 22 mars 1847.

WALDOR (Mme Mélanie).

3188. L'Ecuyer Dauberon, ou l'Oratoire de Bonsecours, par Mme Mélanie Waldor, orné de gravures et vignettes de MM. Johannot et Gigoux. *Paris, Moutardier,* 1832, in-8, broché.

Edition originale ornée de 3 figures hors texte gravées à la manière noire et de vignettes gravées sur bois.

3189. Poésies inédites. M. W., pet. in 4, manuscrit de 60 ff., cartonn.

Poésies autographes de Mme Mélanie Waldor, la plupart signées par l'auteur.

3190. 4 lettres autographes de Madame Mélanie Waldor, ens. 8 pag. in-8.

3 lettres sont adressées à Louis Desnoyers, rédacteur en chef du journal *le Siècle* et sont relatives à des articles envoyés par Mme Mélanie Waldor à ce journal.

La quatrième (4 p.), adressée à Frédéric Degeorge, le remercie de la part beaucoup trop belle qu'il a faite à Mme Mélanie Waldor dans sa notice sur les femmes poètes du XIXe siècle. Cette dernière parle de Mmes A. Tastu, Dufresnoy, Babois et de son futur recueil de poésies.

3191. 5 pièces provenant de l'Album de Madame Mélanie Waldor.

Poésies de Paul Foucher, Alboize, Jules Lacroix, Emmanuel Gonzalez et curieuse lettre autographe de Chateaubriand à Mme M. Waldor en lui envoyant un seul vers au lieu des quatre strophes demandées par elle.

3192. Poésies de Madame Mélanie Waldor, réunion de 19 pièces formant ensemble 30 pag. in-8, in-4 et in-fol.

A Pauline, le 20 mai 1828. — *A Gœthe*, 1833. — *Le Masque*, 1837. — *Aimer, c'est vivre, romance.* — *Dieu pour nous fit cette nuit-là.* — *La sainte prière.* — *La Bretagne.* — *A Monsieur le comte Eugène de Richemont.* — *Un Cimetière.* — *A Madame Théodore Ducos.* — *L'Amour.* — *Devant un berceau. A Sa Majesté l'Impératrice Eugénie*, Mars 1856. — *L'Inondation*, 1856. — *A la Garde impériale*, etc.

WEISS (J.-J.).

3193. Le Théâtre et les Mœurs. *Paris, Calmann Lévy*, 1889, in-12, broché.

ÉDITION ORIGINALE.
Un des **15** exemplaires imprimés sur **papier du Japon**.

3194. Essais sur l'histoire de la littérature française. *Paris, Calmann Lévy*, 1891, in-12, broché.

ÉDITION ORIGINALE.
Un des **10** exemplaires imprimés sur **papier de Hollande**.

3195. Trois années de théâtre, 1883-1885. *Paris, Calmann Lévy*, 1892-1896, 4 vol. in-12, brochés.

Autour de la Comédie-française, 1892. — *A propos de théâtre*, 1893. — *Le Drame historique et le drame passionnel*, 1894. — *Les Théâtres parisiens*, 1896.

ÉDITION ORIGINALE.
Un des **20** exemplaires imprimés sur **papier de Hollande**.

3196. WILDE (Oscar). De Profundis, précédé de lettres écrites de la prison par Oscar Wilde à Robert Ross, suivi de la Ballade de la géôle de Reading, traduits par Henry-D. Davray. *Paris, Mercure de France*, 1905, in-12, broché.

ÉDITION ORIGINALE.
Un des **12** exemplaires imprimés sur **papier de Hollande.**

WILLY [Gauthier-Villars].

3197. L'Année fantaisiste, illustrations de Guillaume et Godefroy. *Paris, Delagrave*, 1891 à 1895, 5 vol. gr. in-16, brochés.

Chaque volume contient, sur le faux titre, *un envoi autoographe* de l'auteur à Renée Parny.

3198. Une Passade. *Paris, Flammarion, s. d.* (1894), in-12, broché.

EDITION ORIGINALE.
Volume publié en collaboration avec Pierre Veber. On y a joint l'édition illustrée par Barbut-Davray (Flammarion 1903) portant les noms des deux auteurs. Avec *envoi autographe* de Pierre Véber.

3199. Un vilain Monsieur! roman. *Paris, Simonis Empis*, 1898, in-12, broché.

EDITION ORIGINALE.
Un des **10** exemplaires imprimés sur **papier de Hollande**

3200. A manger du foin, illustrations par Albert Guillaume. *Paris, Simonis Empis*, 1899, pet. in-8, broché.

EDITION ORIGINALE.
Un des **5** exemplaires imprimés sur **papier de Chine.**

3201. Claudine à l'école. *Paris, Ollendorff*, 1900, in-12, broché.

EDITION ORIGINALE.
Un des **10** exemplaires imprimés sur **papier de Hollande.**

3202. Claudine à Paris. *Paris, Ollendorff*, 1901, in-12, broché.

EDITION ORIGINALE
Un des **15** exemplaires imprimés sur **papier de Hollande.**

3203. Claudine en ménage *Paris, Mercure de France*, 1902, in-12, broché.

EDITION ORIGINALE.
Un des **19** exemplaires imprimés sur **papier de Hollande.**

3204. Claudine s'en va. *Paris, Ollendorff*, 1903, in-12, broché.

ÉDITION ORIGINALE.
Un des 50 exemplaires imprimés sur **papier de Hollande.**

3205. La Maîtresse du prince Jean, roman. *Paris, Albin Michel*, 1903, in-12, broché.

ÉDITION ORIGINALE illustrée par Wély.
Un des quelques exemplaires imprimés sur **papier du Japon.**

3206. La Môme Picrate, roman. *Paris, Albin Michel, s. d.* (1903), in-12, broché.

ÉDITION ORIGINALE.
Un des 30 exemplaires imprimés sur **papier de Hollande.**

3207. (En collaboration avec Colette Willy). Minne. *Paris, Ollendorff*, 1904, in-12, broché.

ÉDITION ORIGINALE.
Un des 50 exemplaires imprimés sur **papier de Hollande.**

3208. Maugis amoureux, roman. *Paris, Albin Michel, s. d.* (1904), in-12, broché.

ÉDITION ORIGINALE.
Exemplaire imprimé sur **papier de Hollande.**

3209. (En collaboration avec Colette Willy). Les Égarements de Minne. *Paris, Ollendorff*, 1905, in-12, broché.

ÉDITION ORIGINALE.
Un des 50 exemplaires imprimés sur **papier de Hollande.**

3210. Willy et Andhrée Cocotte. Dans le noir ! illustrations de M. G. Lami. *Paris, Librairie Molière*, 1901, in-12, broché.

ÉDITION ORIGINALE.
Un des 15 exemplaires imprimés sur **papier du Japon.**

3211. Willy et Curnonsky. Chaussettes pour dames, défense et illustration du mollet féminin. Cinquante dessins de Mirande. *Paris, Garnier, s. d.* (1905), in-12, broché.

ÉDITION ORIGINALE.
Un des 15 exemplaires imprimés sur **papier du Japon.**

WILLY (Colette).

3212. Dialogue des bêtes. *Paris, Mercure de France*, 1904, in-16, broché.

ÉDITION ORIGINALE.
Un des 19 exemplaires imprimés sur **papier de Hollande.**

3213, La Retraite sentimentale, roman. *Paris, Mercure de France*, 1907, in-12, broché.

ÉDITION ORIGINALE.
Envoi et lettre autographes de l'auteur à Catulle Mendès ; la lettre est relative au livre.

3214. La Retraite sentimentale, roman. *Paris, Mercure de France*, 1907, in-12, broché.

ÉDITION ORIGINALE.
Un des 29 exemplaires imprimés sur **papier de Hollande.**

3215. L'ingénue libertine, roman. *Paris, Ollendorff, s. d.* (1910), in-12, broché.

Nouvelle édition de *Minne* et des *Egarements de Minne*, livres remaniés par Colette Willy dans lesquels ont été supprimées les parties introduites par Willy dans la première édition.
Un des 25 exemplaires imprimés sur **papier de Hollande.**

3216. Les Vrilles de la vigne. *Paris, Éditions de la Vie Parisienne, s. d.* (1910), in-12, broché.

ÉDITION ORIGINALE.
Exemplaire imprimé sur **papier de Hollande.**

3217. La Vagabonde, roman. *Paris, Ollendorff, s. d.* (1910). — L'Envers du Music-hall. *Paris, Flammarion, s. d.* — Ens. 2 vol. in-12, brochés.

ÉDITIONS ORIGINALES.

3218. Sept Dialogues de bêtes, illustrés de 80 dessins de Jacques Nam. Préface de Francis Jammes. *Paris, Mercure de France*, 1912, in-12, en feuilles.

PREMIER TIRAGE.
Un des 3 exemplaires imprimés sur **papier de Chine.**

3219. Pirou, Poucette et quelques autres. *Paris, Librairie des lettres, s. d.* (1913), in-4, broché.

Edition originale, tirée à 300 exemplaires sur papier vergé de Hollande.

3220. WYZEWA (Teodor de). Valbert ou les récits d'un jeune homme. *Paris, Perrin et Cie*, 1893, in-12, broché.

Edition originale.
Un des 20 exemplaires imprimés sur **papier de Hollande.**

ZOLA (Emile).

3221. Contes à Ninon. *Paris, Hetzel et Lacroix, s. d.* (1864). — Nouveaux contes à Ninon. *Paris, Charpentier*, 1874. — Ens. 2 vol in-12, brochés.

Editions originales.
La couverture du premier volume est imprimée sur papier jaune et le prix de vente est marqué 3 fr.

3222. Contes à Ninon. *Paris, Hetzel et Lacroix, s. d.* (1864), in-12, broché.

Edition originale.
La couverture, imprimée sur papier marron, est au nom de Hetzel seul et le prix de vente est marqué 2 fr. 50.

3223. Mes Haines, causeries littéraires et artistiques. *Paris, Achille Faure*, 1866, in-12, broché.

Edition originale.

3224. La Confession de Claude. *Paris, A. Lacroix, Verboeckhoven et Cie*, 1866, in-12, broché.

Edition originale.

3225. Mon Salon, augmenté d'une dédicace et d'un appendice. *Paris, Librairie centrale*, 1866, in-12, cartonn. dos et coins de toile brune, non rogné (*Couvert.*).

Edition originale.

3226. Les Mystères de Marseille, roman historique contemporain. *Marseille, Imp. nouvelle A. Arnaud*, 1867, 3 vol. in-12, brochés.

Edition originale.
Envoi autographe de l'auteur à Jules Richard sur le faux titre du premier volume.

3227. Un Duel social par Agrippa. *Paris, aux Bureaux du Corsaire*, 1873, 3 vol. in-12, brochés.

Réimpression, sous ce titre, des *Mystères de Marseille*. Cette édition a été faite avec la composition du *Corsaire* et donnée en prime aux abonnés de ce Journal.

3228. Ed. Manet. Etude biographique et critique, accompagnée d'un portrait d'Ed. Manet par Bracquemond et d'une eau-forte d'Ed. Manet d'après *Olympia*. *Paris, Dentu*, 1867, plaquette in-8 dos et coins de toile brune, non rogné (*Couvert.*).

Edition originale.
Lettre autographe de Zola ajoutée; elle est relative au dépôt de cette plaquette chez les libraires.

3229. Madeleine Férat. *Paris, Lacroix, Verboeckhoven et Cie*, 1868, in-12, broché.

Edition originale.

3230. La Curée. *Paris, Lacroix, Verboeckhoven et Cie*, 1871, in-12, broché.

Edition originale.

3231. La Fortune des Rougon. *Paris, Lacroix, Verboeckhoven et Cie*, 1871, in-12, broché.

Edition originale; la couverture est imprimée sur papier gris.
Sur le faux titre, *envoi autographe* de l'auteur à Paul de Saint-Victor,

3232. La Fortune des Rougon. *Paris. Lacroix, Verboeckhoven et Cie*, 1871, in-12, broché.

Edition originale.
Exemplaire avec une nouvelle couverture datée de 1872 et tirée sur papier jaune. Il existe des exemplaires de l'édition originale de ce livre ayant un titre et une couverture au nom de Charpentier et Cie; le titre de ces exemplaires est daté de 1872, la couverture, celle des autres romans de Zola publiés par Charpentier, est sans date.

3233. Le Ventre de Paris. *Paris, Charpentier et Cie*, 1873, in-12, broché.

Edition originale.

3234. La Conquête de Plassans. *Paris, Charpentier et Cie*, 1874, in-12, broché.

Edition originale.
Envoi autographe de l'auteur sur le faux titre.

3235. La Faute de l'abbé Mouret. *Paris, Charpentier et Cie*, 1875, in-12, broché.

Edition originale.

3236. Son Excellence Eugène Rougon. *Paris, Charpentier et Cie*, 1876, in-12, broché.

Edition originale.

3237. L'Assommoir. *Paris, Charpentier*, 1877, in-12, broché.

Edition originale.
Un des 75 exemplaires imprimés sur **papier de Hollande.**

3238. Une Page d'amour. *Paris, Charpentier*, 1878, in-12, broché.

Edition originale.
Papier de Hollande.

3239. La République et la littérature. *Paris, Charpentier*, 1879. — Lettre à la jeunesse. *Paris, Fasquelle*, 1897. — Lettre à la France, *Ibid. id.*, 1898. Ens. 3 brochures in-8.

Editions originales.

3240. Nana. *Paris, Charpentier*, 1880, in-12, broché.

Edition originale.
Papier de Hollande.

3241. Pot-Bouille. *Paris, Charpentier*, 1882, in-12, broché.

Edition originale.

3242. Au Bonheur des dames. *Paris, Charpentier*, 1883, in-12, broché.

Edition originale.

3243. Le Capitaine Burle. Naïs Micoulin. *Paris, Charpentier*, 1883-1884, 2 vol. in-12, brochés.

Editions originales.

3244. La Joie de vivre. *Paris, Charpentier et Cie*, 1884, in-12, broché.

Edition originale.

3245. Germinal. *Paris, Charpentier et Cie*, 1885, in-12, broché.

Edition originale.

3246. Germinal (par Émile Zola). Pet. in-4 de 19 pag. cartonné en papier gris.

Manuscrit original, signé, de l'article *Germinal*, par Émile Zola, publié dans le *Figaro* du 29 octobre 1885. Article relatif à l'interdiction du roman *Germinal*.

3247. L'Œuvre. *Paris, Charpentier et Cie*, 1886, in-12, broché.

Edition originale.

3248. La Terre. *Paris, Charpentier et Cie*, 1887, in-12, broché.

Edition originale.

3249. Le Roman expérimental. — Documents littéraires. — Nos Auteurs dramatiques. — Le Naturalisme au théâtre. — Les Romanciers naturalistes. — Une Campagne, 1880-1881. *Paris, Charpentier*, 1880-1882, ens. 6 vol. in-12, brochés.

Editions originales.

3250. Le Rêve. *Paris, Charpentier et Cie*, 1888, in-12, broché.

Edition originale.
Papier de Hollande.

3251. La Bête humaine. *Paris, Charpentier et Cie*, 1890, in-12, broché.

Edition originale.
Papier de Hollande.

3252. L'Argent. *Paris, Bibliothèque Charpentier*, 1891, in-12, mar. La Vall. plats ornés de feuilles mosaïquées par Camille-Martin, tête dor., non rogné, couverture (*Rel. de Wiener, de Nancy*).

Edition originale.
Papier de Hollande.

3253. La Débacle. *Paris, Charpentier et Fasquelle*, 1892, in-12, broché.

Edition originale.
Papier de Hollande.

3254. Le Docteur Pascal. *Paris, Charpentier et Fasquelle*, 1893, in-12, broché.

Edition originale.
Papier de Hollande.

3255. Théâtre, réunion de 5 pièces in-12, brochées.

Thérèse Raquin, drame en quatre actes. *Paris, Charpentier et Cie*, 1873. — Les Héritiers Rabourdin, comédie en trois actes. *Paris, Charpentier*, 1874. — Renée, pièce en cinq actes. *Ibid. id.*, 1887 (envoi autog. de l'auteur à Henry Fouquier). — L'Ouragan, drame lyrique en quatre actes. *Ibid. id.*, 1901. — L'Enfant roi, comédie lyrique en cinq actes. *Ibid. id.*, 1905.

Éditions originales.

3256. Théâtre (Thérèse Raquin. Les Héritiers Rabourdin, Le Bouton de rose). *Paris, Charpentier*, 1878, in-12, broché.

Édition en partie originale.

Papier de Hollande.

3257. Pièces dramatiques tirées des romans et nouvelles de Zola. Réunion de 6 pièces in-12, dont 1 cartonn. et 5 brochées.

William Busnach et Octave Gastineau. L'Assommoir, drame en cinq actes et neuf tableaux. *Paris, Charpentier*, 1881. — Jacques Damour. pièce en un acte, tirée de la nouvelle d'Émile Zola, par Léon Hennique. *Ibid. id.*, 1887. — Henry Céard. Tout pour l'honneur, drame en cinq actes, en prose, tiré de la nouvelle d'Émile Zola. *Ibid. id.*, 1890. — Le Rêve, drame lyrique en quatre actes, huit tableaux, d'après le roman d'Émile Zola, poème de Louis Gallet, musique de A. Bruneau. *Ibid. id.*, 1891. — L'Attaque du moulin, drame lyrique en quatre actes d'après Émile Zola, poème de Louis Gallet, musique d'Alfred Bruneau. *Ibid. id.*, 1893. — Alfred Bruneau. La Faute de l'abbé Mouret, pièce en 4 actes et 14 tableaux, avec musique, tirée du roman d'Émile Zola. *Ibid. id.*, 1907.

3258. Messidor, drame lyrique en quatre actes et cinq tableaux, poème de Émile Zola, musique de Alfred Bruneau. *Paris, Fasquelle*, 1897, in-12, broché.

Edition originale.

Un des **15** exemplaires imprimés sur **papier de Hollande.**

3259. Discours prononcé au banquet de l'Association générale des étudiants, le 18 Mai 1893, par Émile Zola. *Imprimerie privée de J. Lemoigne. Tourlaville*, 1893, plaq. pet. in-4, brochée.

Plaquette tirée à quelques exemplaires, sur papier Whatman, pour l'imprimeur et ses amis.

3260. Les trois villes (Lourdes, Rome, Paris). *Paris, Charpentier et Fasquelle*, 1894-1898, 3 vol. in-12, brochés.

Editions originales.

Papier de Hollande.

3261. Retour de voyage, réponse au capitaine bavarois Tanera. — A propos de Lourdes. *Lyon*, 1892-1894, 2 plaquettes in-12, brochées.

Publications de la *Société des Amis des livres* de Lyon, tirées à 40 exemplaires. La seconde est sur papier de Hollande.

3262. Les quatre Évangiles (Fécondité, Travail, Vérité). *Paris, Fasquelle*, 1899-1903, 6 vol. in-8, brochés.

Edition originale.
Papier de Hollande.

3263. Correspondance. Lettres de jeunesse. *Paris, Fasquelle*, 1907, in-12, broché.

Edition originale.
Un des **15** exemplaires imprimés sur **papier du Japon.**

3264. Correspondance. Lettres de jeunesse. — Les Lettres et les arts. *Paris, Fasquelle*, 1907-1908, 2 vol. in-12, brochés.

Editions originales.

3265. Lettre autographe, signée, d'Émile Zola (à M. de Calonne), 6 février 1863, 3 pag. in-8.

Intéressante lettre relative à sa collaboration à la *Revue contemporaine*, dont M. de Calonne était le directeur. Il parle d'un proverbe en vers *Perrette* qui devrait lui servir de début à la Revue, il demande qu'on lui envoie des volumes dont il ferait le compte rendu.

3266. Lettre autographe, signée, d'Emile Zola, 10 octobre 1882, 4 pag. in-8.

Très belle lettre du plus grand intérêt littéraire dans laquelle il explique la portée de son livre au *Bonheur des Dames*. Cette lettre est certainement une des plus intéressantes de Zola.

3267. Lettre autographe, signée, d'Emile Zola, 5 février 1884, 1 pag. 1/2 in-8.

Il félicite son confrère d'avoir été le premier à faire un peu de vérité sur *Son Excellence Eugène Rougon*.

3268. Paul Alexis. Emile Zola, notes d'un ami, avec des vers inédits de Emile Zola. *Paris, G. Charpentier*, 1882, in-12, portrait, dos et coins de veau fauve, fil., tête rouge, non rogné (*Pouillet*).

Edition originale.
Un des **5** exemplaires imprimés sur **papier de Chine.**

3269. Edmond Lepelletier. Emile Zola, sa vie, son œuvre, avec un portrait en héliogravure d'après Lieure et un autographe. *Paris, Mercure de France*, 1908, in-8, broché.

Edition originale.
Un des **12** exemplaires imprimés sur **papier de Hollande.**

PUBLICATIONS DE LA SOCIÉTÉ « LES XX »

Tous les volumes sans exception sont en édition originale ou en premier tirage.

Ils ont été remis aux sociétaires sans être brochés mais pliés dans des emboîtages de fantaisie variés pour chacun.

Sauf quelques rares exceptions, ils portent la signature autographe de leurs auteurs respectifs. Ceux pour lesquels la liste ci-dessous ne contient pas d'indication ne sont pas signés.

Ils ont, en dehors de la couverture d'éditeur, une seconde couverture spéciale ou un état de cette couverture si elle est illustrée.

Le « Vélin de la Société » est un papier vélin à la forme des Manufacfactures d'Arches fabriqué spécialement et filigrané à la marque des XX.

3270. ADAM (Paul). Lettres de Malaisie: *Paris, Édition de la Revue Blanche*, 1898, in-18, vélin de la Société, signé par l'auteur.

Portrait de Paul Adam, par *Desmoulin*, ajouté.

3271. ANGELLIER (Auguste). Les Scènes. — Dans la Lumière antique..... *Paris, Librairie Hachette et Cie*, 1911, in-18 réimposé in-8, vélin de la Société.

3272. AUDOUX (Marguerite). Marie-Claire, roman, préface d'Octave Mirbeau. *Paris, E. Fasquelle*, 1910, in-18 réimposé in-8, vélin de la Société, signé par l'auteur.

3273. BARRÈS (Maurice). Le Roman de l'Énergie nationale. Les Déracinés. *Paris, E. Fasquelle,* 1897, in-18, vélin de la Société, signé par l'auteur.

3274. — Le Roman de l'Énergie nationale. L'Appel au Soldat. *Paris, E. Fasquelle,* 1900, in-18, vélin de la Société.

3275. — Le Roman de l'Énergie nationale. Leurs Figures. *Paris, F. Juven,* 1902, in-18, vélin de la Société.

3276. BATAILLE (Henry). La Vierge folle, pièce en 4 actes. *Paris, E. Fasquelle,* 1910, in-18 réimposé in-8, vélin de la Société.

3277. BAUDELAIRE (Charles). Lettres, 1841-1866, portrait en héliogravure. *Paris, Société du Mercure de France,* 1906, in-18 réimposé in-8 raisin, vélin de la Société.

Le volume forme deux tomes avec couvertures et titres distincts.

3278. BAUMANN (Emile). Le Baptême de Pauline Ardel, roman, *Paris, Bernard Grasset,* 1913, in-18 réimposé in-8 raisin, vélin de la Société, signé par l'auteur.

3279. BAZIN (René). Les Oberlé. *Paris, Calmann-Lévy, s. d.* (1902), in-18 réimposé in-8 raisin, vélin de la Société, signé par l'auteur.

3280. BEAUNIER (André). Picrate et Siméon. *Paris, E. Fasquelle,* 1904, in-18 réimposé in-8, vélin de la Société, signé par l'auteur.

3281. BENJAMIN (René). Les Soldats de la Guerre. Gaspard. *Paris, A. Fayard et Cie, s. d.* (1915), in-18 réimposé in-8 raisin, vélin de la Société, signé par l'auteur.

3282. BERNARD (Tristan). Un Mari pacifique. *Paris, Édition de la Revue Blanche,* 1901, in-18 réimposé in-8 raisin, vélin de la Société, signé par l'auteur.

3283. BERTRAND (Louis). Pépète le bien-aimé, roman. *Paris, Société d'éditions littéraires et artistiques, librairie Paul Ollendorff,* 1904, in-18 réimposé in-8, vélin de la Société, signé par l'auteur.

3284. BINET-VALMER. Le Plaisir. *Paris, Société d'éditions littéraires et artistiques, librairie Paul Ollendorff, s. d.* (1912), in-18 réimposé in-8, vélin de la Société, signé par l'auteur.

3285. BOCCACE. La Fiancée du Roi de Garbe, traduction de

Anthoine Le Maçon, imaigée et vignettée par Léon Lebègue. *Paris, H. Floury*, 1903, in-4 écu, vélin de la Société, tirage à part sur Chine de toutes les illustrations, signé par l'illustrateur.

3286. BOURGES (Élémir). La Nef. *Paris, P. V. Stock*, 1904, in-18 réimposé in-8, vélin de la Société, signé par l'auteur.

3287. BOURGET (Paul). Le Fantôme. *Paris, Plon-Nourrit et Cie, s. d.* (1901), in-18 réimposé in-8 raisin, vélin de la Société, signé par l'auteur.

3288. BOYLESVE (René). Mlle Cloque. *Paris, Édition de la Revue Blanche*, 1901, in-18, vélin de la Société, signé par l'auteur.

3289. BRISSON (Adolphe). Florise Bonheur, dessin de Geo Dupuis. *Paris, Flammarion, s. d.*, in-18 réimposé in-8 raisin, papier de Chine, signé par l'auteur.

3290. BRUNETIÈRE (Ferdinand). Honoré de Balzac, 1799-1850. *Paris, Calmann-Lévy, s. d.* (1907), in-18 réimposé in-8 raisin, vélin de la Société.

3291. CHATEAUBRIANT (Alphonse de). Monsieur des Lourdines, histoire d'un gentilhomme campagnard. *Paris, Bernard Grasset*, 1911, in-18 réimposé in-8, signé par l'auteur.

3292. CLAUDEL (Paul). L'Otage, drame. *Édition de la Nouvelle Revue française, Marcel Rivière et Cie, Paris, s. d.* (1911), in-18 réimposé in-8, vélin de la Société, signé par l'auteur.

3293. CLERMONT (Émile). Laure. *Paris, Bernard Grasset*, 1913, in-18 réimposé in-8 raisin, vélin de la Société, signé par l'auteur.

3294. COIGNY (Aimée de). Mémoires, avec un portrait en héliogravure, introduction et notes par Étienne Lamy. *Paris, Calmann-Lévy, s. d.* (1902), in-8 raisin, vélin de la Société, double état du portrait, signé par le commentateur.

3295. COLETTE [Colette Willy]. L'Entrave, roman. *Paris, Librairie des Lettres*, 1913, in-18 réimposé in-8 raisin, vélin de la Société, signé par l'auteur.

3296. CONSTANT (Benjamin). Adolphe, cinquante eaux-fortes originales de Georges Jeanniot, préface de Paul Hervieu de l'Académie Française. *Paris, 4, rue Picot*, 1901, in-4, vélin spécial de l'édition, frontispice supplémentaire fait spécialement pour « les XX » en deux états, signé par l'illustrateur.

3297. COURTELINE (Georges). Les Marionnettes de la Vie, illustrations de A. Barrère. *Paris, E. Flammarion, s. d.* (1901), in-18, vélin de la Société, signé par l'auteur.

3298. COURTELINE (Georges). La Conversion d'Alceste, comédie représentée la première fois sur le théâtre françois le 15 juin 1905, *A Paris, chez l'auteur,* MDCCCCV, in-16, papier vergé genre ancien, signé par l'auteur.

3299. CRAUZAT (E. de). L'Œuvre gravé et lithographié de Steinlen ; catalogue descriptif et analytique, suivi d'un essai de bibliographie et d'iconographie de son œuvre illustré, préface de Roger Marx, médaillon de Naoum Aronson. *Paris, Société de propagation des livres d'art,* 1913, in-4, papier de Chine, signé par l'auteur et par Steinlen.

3300. DAUDET (Léon). Sébastien Gouvès. *Paris, E. Fasquelle,* 1898, in-18, vélin de la Société, signé par l'auteur.

3301. DENIS (Maurice). Premiers paysages. *Paris, Lemerre, s. d.* (1912), in-4. Titre répétant la couverture et 7 planches en noir et couleurs, plus un faux titre et une planche supplémentaire tirés spécialement pour les XX ; le tout en 3, 4 et 5 états sur vélin de la Société et Japon ; au total 47 feuillets, sans compter la double feuille formant couverture. Signé par l'auteur. Sans couverture spéciale.

3302. DONNAY (Maurice). Alfred de Musset. *Paris, Hachette et Cie,* 1914, in-18, réimposé in-8, vélin de la Société, signé par l'auteur.

3303. DONNAY (Maurice) et DESCAVES (Lucien). La Clairière, comédie en cinq actes, en prose. *Paris, Édition de la Revue Blanche,* 1900, in-18, vélin de la Société, signé par les auteurs.

3304. DOUCET (Jérôme). Contes de la Fileuse, illustrations de Alfred Garth Jones. *Paris, Ch. Tallandier, s. d.* (1900), in-8 jésus. Papier de Chine. Tirage à part sur Chine de toutes les illustrations. La couverture spéciale est ornée d'une composition inédite réservée aux XX. Dessin original rehaussé d'aquarelle de A. Garth Jones, spécial à chaque exemplaire. Signature de l'auteur. Cartonnage illustré de l'éditeur.

3305. DOUCET (Jérôme). Notre ami Pierrot, une douzaine de pantomimes avec les aquarelles de Louis Morin. *Paris, Ollendorff, s. d.* (1900), in-4, sur papier des Manufactures impériales du Japon. Tirage à part en noir, sur Chine et sur Japon, de toutes les illustrations. La couverture spéciale est ornée d'une composition inédite réservée aux XX. Signature de l'auteur.

3305 *bis.* — Trois lettres de femmes, dix illustrations de Louis Marold. *Paris, Publication de la Revue illustrée,* 1900, in-8,

Un des exemplaires imprimés sur papier de Hollande pour la Société « Les XX ».

3306. DUQUESNEL (Félix) et VEBER (Jean). Contes des dix mille et deux nuits. *Paris, E. Flammarion, s. d.* (1903), in-4, papier des Manufactures impériales du Japon avec suite des gravures tirée à part sur papier de Chine, signé par l'illustrateur.

3307. ESPARBÈS (Georges d'). Les Demi-solde. *Paris, E. Flammarion, s. d.* (1899), in-18, vélin de la Société.

3308. FAGUET (Emile). Les Amies de Rousseau. *Paris, Société française d'imprimerie et de librairie ancienne, librairie Lecène Oudin et Cie, Paris, s. d.* (1912), in-18 réimposé in-8, vélin de la Société, signé par l'auteur.

3309. FARRÈRE (Claude). La Maison des Hommes vivants. *Librairie des Annales, Paris, s. d.* (1911), in-18 réimposé in-8, vélin de la Société, signé par l'auteur.

3310. FLAUBERT (Gustave). La Première Tentation de Saint-Antoine (1849-1856), œuvre inédite publiée par Louis Bertrand. *Paris, E. Fasquelle,* 1908, in-18 réimposé in-8 raisin, vélin de la Société.

3311. — Mémoires d'un Fou. *Paris, Floury,* 1901, in-8 raisin, vélin de la Société. Portrait de Flaubert par Nargeot en deux états sur Japon vieux : eau-forte pure et avant la lettre. Fac-simile d'autographe sur Chine.

3312. FORAIN. Album. *Paris, Simonis Empis, s. d.*, grand in-4, papier du Japon, signé par l'auteur.

3313. — La Comédie parisienne. *Paris, Plon et Nourrit et Cie,* 1904, in-18, papier des Manufactures impériales du Japon, suite sur papier de Chine avant la lettre.

3313 *bis*. FRAGEROLLE (Georges) et RIVIÈRE (Henri). Le Juif Errant, légende en huit tableaux, poème et musique de G. Fragerolle, dessins de H. Rivière. *Paris, Enoch et Cie*, 1898. Album grand in-8 oblong en couleurs, papier vélin, gardes en couleurs dessinées par G. Auriol, signé par l'illustrateur.

3314. FRANCE (Anatole). Au Petit Bonheur, comédie en un acte représentée pour la première fois le 1er juin 1898. Tiré pour Pierre Dauze, 1898, in-4. Reproduction fac-simile du manuscrit autographe. Papier fin de Hollande. Portrait d'Anatole France gravé à l'eau-forte par Ladislas Lœwy.

3315. — Clio, illustrations de Mucha. *Paris, Calmann Lévy*, 1900, in-8, vélin de la Société, suite des illustrations tirée à part en couleurs sur papier de Chine, signé par l'auteur.

3316. FROMENTIN (Eugène). Lettres de jeunesse, biographie et notes par Pierre Blanchon. *Paris, Plon, Nourrit et Cie*, 1909, in-16 réimposé in-8, vélin de la Société.

3317. — Correspondance et Fragments inédits, biographie et notes par Pierre Blanchon. *Paris, Plon-Nourrit et Cie*, 1912, in-16 réimposé in-8, vélin de la Société.

3318. GEBHART (Emile). Souvenirs d'un vieil Athénien. *Paris, Bloud et Cie*, 1911, in-18, vélin de la Société.

3319. GIDE (André). Isabelle, récit. *Paris, Edition de la Nouvelle Revue française, Marcel Rivière et Cie*, 1911, in-8 raisin, vélin de la Société, signé par l'auteur.

3320. GOURMONT (Rémy de). Un Cœur virginal, roman. *Paris, Société du Mercure de France*, 1907, in-18 réimposé in-8, vélin de la Société, signé par l'auteur.

3321. GREGH (Fernand). La Chaîne éternelle. *Paris, Fasquelle*, 1910, in-18 réimposé in-8, vélin de la Société, signé par l'auteur.

3322. GUÉRIN (Charles). Le Semeur de Cendres, 1898-1900. *Paris, Société du Mercure de France*, 1901, in-18 réimposé in-8 raisin, vélin de la Société, signé par l'auteur.

3323. GUILLAUMIN (Emile). Près du sol. *Paris, Calmann-Lévy*, *s. d.* (1906), in-18 réimposé in-8 raisin, vélin de la Société, signé par l'auteur.

3324. HARRY (Myriam). La Petite Fille de Jérusalem. Préface de Jules Lemaître. *Paris, Arthème Fayard et Cie*, 1914, in-18 réimposé in-8, vélin de la Société, signé par l'auteur.

3325. HENNIQUE (Léon). Minnie Brandon. *Paris, E. Fasquelle*, 1899, in-18, vélin de la Société, signé par l'auteur.

3326. HIRSCH (Charles-Henri). Poupée fragile, roman. *Paris, E. Fasquelle*, 1907, in-18 réimposé in-8 raisin, vélin de la Société. signé par l'auteur.

3327. HOUVILLE (Gérard d'). Le Séducteur. *Paris, Arthème Fayard et Cie*, 1914, in-18, réimposé in-8, vélin de la Société, signé par l'auteur.

3328. HUYSMANS (J.-K.). La Bièvre, Les Gobelins, Saint-Séverin, illustrations sur bois et à l'eau-forte de A. Lepère. *Paris, Société de propagation des livres d'art*, 1901, grand in-8, papier vélin à la cuve des Manufactures d'Arches, suite sur papier de Chine de toutes les illustrations, signé par l'auteur.

3329. HUYSMANS (J.-K.). Marthe, histoire d'une fille. Dessins de Bernard Naudin. *Paris, Georges Crès et Cie*, 1914, in-12.

Tirage sur papier de Chine.

3330. JAMMES (Francis). Le Deuil des Primevères. *Paris, Société du Mercure de France*, 1901, in-18 réimposée in-8 raisin, vélin de la Société. signé de l'auteur.

3331. JARRY (Alfred). Gestes et opinions du docteur Faustroll..... *Paris, E. Fasquelle*, 1911, in-18 réimposé in-8, vélin de la Société.

3332. KLINGSOR. Petits Métiers des rues de Paris, préface de Roger Marx, texte ornementé de bois dessinés et gravés par Jacques Beltrand. *Paris*, 1904, in-8, vélin de la Société, avec une suite de tous les bois sur Japon mince, signé par l'auteur et l'illustrateur.

3333. LARGUIER (Léo). Jacques, poème. *Paris, Société du Mercure de France*, 1907, in-18 réimposé in-8, vélin de la Société, signé par l'auteur.

3334. LE CARDONNEL (Louis). Poèmes. *Paris, Société du Mercure de France*, 1907, in-18 réimposé in-8, vélin de la Société, signé par l'auteur.

3335. LEMAITRE (Jules). En Marge des vieux livres, contes. *Paris, Société française d'Imprimerie et de Librairie, ancienne librairie Lecène, Oudin et Cie*, 1905-1907, 2 vol. in-18 réimposés in-8, vélin de la Société, le tome I signé par l'auteur.

3336. LEMONNIER (Camille). Le Sang et les Roses. *Paris, Ollendorff*, 1901, in-8, vélin de la Société, signé par l'auteur.

3337. LORRAIN (Jean). Monsieur de Phocas, Astarté. *Paris, Ollendorff*, 1901, in-18, vélin de la Société, signé par l'auteur.

3338. LOTI (Pierre). Les derniers jours de Pékin. *Paris, Calmann-Lévy, s. d.* (1902), in-18 réimposé in-8 raisin, vélin de la Société, signé par l'auteur.

3339. LOUYS (Pierre). La Femme et le Pantin, roman espagnol orné d'une reproduction en héliogravure du Pantin de Goya. *Paris, Société du Mercure de France* 1898, in-8, papier de Chine, double épreuve du frontispice, signé par l'auteur.

3340. MAETERLINCK (Maurice), Le double Jardin. *Paris, E. Fasquelle*, 1904, in-18 réimposé in-8, vélin de la Société, signé par l'auteur.

3341. MAINDRON (Maurice). Saint-Cendre. *Paris, Édition de la Revue Blanche*, 1898, in-18, vélin de la Société, signé par l'auteur.

3342. — Monsieur de Clérambon. *Paris, E. Fasquelle*, 1898, in-18, vélin de la Société, signé par l'auteur. Portrait ajouté.

3343. MAUPASSANT (Guy de). Les Dimanches d'un bourgeois de Paris, dessins de Geo. Dupuis, gravure sur bois de Lemoine. *Paris, Ollendorff*. 1901, in-8, vélin de la Société, tirage à part sur Chine de toutes les illustrations.

3344. MENDÈS (Catulle). Le Chercheur de tares. *Paris, E. Fasquelle*, 1898, in-18, vélin de la Société, signé par l'auteur.

3345 — Hespérus, illustrations en couleurs de Carloz Schwabe. *Paris, Société de propagation de livres d'art*, 1904, grand in-8 réimposé in-4, papier peau de vélin de Rives, suite des illustrations tirée en noir sur papier de Chine, signé par l'auteur et l'illustrateur.

3346. MIRBEAU (Octave). Les Mauvais Bergers, pièce en cinq actes, représentée à Paris, sur le théâtre de la Renaissance, le 14 décembre 1897. *Paris, E. Fasquelle,* 1898, in-18, vélin de la Société, signé par l'auteur.

3347. MIRBEAU (Octave). Le Jardin des supplices, avec un dessin en couleur de Auguste Rodin imprimé par A. Clot. *Paris, E. Fasquelle,* 1899, in-8, papier vélin d'Arches, signé par l'auteur.

3348. MORÉAS (Jean). Les Stances, portrait par A. de la Gandara. *Paris, La Plume,* 1899, in-8, papier ancien des Manufactures impériales du Japon. Reproduction fac-simile du manuscrit. Portrait de l'auteur portant sa signature autographe et page manuscrite jointe à l'exemplaire.

3349. MOREL (Émile). Les Gueules noires, préface de Paul Adam, illustrations de Steinlen. *Paris, E. Sansot et Cie,* 1907, in-8 carré réimposé in-4, vélin de la Société, quadruple suite sur Japon mince et ordinaire en bistre et en noir, avec et sans fond teinté. Signé par l'auteur et l'illustrateur.

3350. MUCHA (Alphonse) et son œuvre. — Texte par MM. Léon Deschamps, Rambosson, Sainte-Claire, Ch. Saunier, Fr. Jourdain, etc., 127 illustrations par A. Mucha et un portrait charge de l'artiste par Whidhopff. *Paris, La Plume,* 1897, in-8. Papier du Japon avec suite des illustrations sur Chine et frontispice en deux états : sur Japon et sur Chine. Signé par Mucha.

3351. MUSSET (Alfred de). Lettres d'amour à Aimée d'Alton, introduction et notes par Léon Séché. *Paris, Mercure de France,* 1910, in-18 réimposé in-8, vélin de la Société.

3352. NAU (John-Antoine). Hiers bleus, poésies. *Paris, Librairie Léon Vanier, A. Messein, successeur,* 1904, in-18 réimposé in-8 vélin de la Société, signé par l'auteur.

3352 *bis*. NICHOLSON (William). Almanach des douze sports, 1898. Etude sur William Nicholson et son art par Octave Uzanne. *Paris, Société française d'édition d'art, s. d.,* in-4. Planches sur papier de Hollande et texte sur papier de Chine (12 gravures lithochromies et 12 gravures simili). Sans couverture spéciale.

3353. NOAILLES (Comtesse Mathieu de). La Domination. *Paris, Calmann Lévy, s. d.* (1905), in-18 réimposé in-8 raisin, vélin de la Société, signé par l'auteur.

3354. NOAILLES (Comtesse Mathieu de). Les Vivants et les morts. *Paris, A. Fayard et Cie, s. d.* (1913), in-12 réimposé in-8 raisin, vélin de la Société, signé par l'auteur.

3355. PAUL (Hermann). Alphabet pour les grands enfants, album inédit, préface de Henri Bauër. *Paris, Simonis Empis, s. d.* (1898), grand in-4, papier de Chine, signé par l'auteur.

3356. PERGAUD (Louis). La Revanche du Corbeau, nouvelles histoires de bêtes. *Paris, Mercure de France,* 1911, in-18 réimposé in-8, vélin de la Société, signé par l'auteur.

3357. PHILIPPE (Charles-Louis). Marie Donadieu. *Paris, E. Fasquelle,* 1904, in-18 réimposé in-8, vélin de la Société, signé par l'auteur.

3358. PORTO-RICHE (Georges de). Le Viel Homme, pièce en cinq actes. *Paris, Émile Paul,* 1911, in-18 réimposé in-8, vélin de la Société, signé par l'auteur.

3359. REBELL (Hugues). La Femme qui a connu l'Empereur. *Paris, Société du Mercure de France,* 1898, in-18, papier vélin de Rives, portrait de l'auteur par Jean Veber sur papier du Japon, signé par l'auteur.

3360. REBOUX (Paul). La petite Papacoda, roman napolitain. *Paris, E. Fasquelle,* 1911, in-18 réimposé in-8, vélin de la Société, signé par l'auteur, une page du manuscrit ajoutée à l'exemplaire.

3361. RÉGNIER (Henri de). La Canne de Jaspe, Monsieur d'Amercœur. Le Trèfle noir, Contes à soi-même. *Paris, Société du Mercure de France,* 1897, in-18, papier Whatman, signé par l'auteur.

3362. — La Sandale ailée, 1903-1905. *Paris, Société du Mercure de France,* 1906, in-18 réimposé in-8, vélin de la Société, signé par l'auteur.

3363. — L'Amour et le Plaisir, histoire galante. *Imprimé aux dépens de l'auteur par les soins de Pierre Dauze. Paris,* 1906, in-8 raisin, vélin de la Société, signé par l'auteur.

3364. RENARD (Jules). Bucoliques. *Paris, Ollendorff,* 1898, in-18, papier du Japon, signé par l'auteur.

3365. ROD (Édouard). Le Glaive et le Bandeau. *Paris, E. Fasquelle,* 1910, in-18 réimposé in-8, vélin de la Société, portrait de l'auteur en deux états, gravé à l'eau-forte par F. Desmoulin, ajouté.

3366. ROGER-MARX. L'Art social. Préface par Anatole France. *Paris, Fasquelle,* 1913, in-12 réimposé in-8, vélin de la Société, signé par l'auteur.

3367. ROUPNEL (Gaston). Nono. *Paris, Plon-Nourrit et Cie, s. d.* (1907), in-18 réimposé in-8, vélin de la Société, signé par l'auteur.

3368. ROSNY (J.-H.). Les Ames perdues. *Paris, E. Fasquelle,* 1899, in-18, vélin de la Société, signé par l'auteur.

3369. SAMAIN (Albert). Aux Flancs du Vase. *Paris, Société du Mercure de France,* 1898, in-4, vélin teinté de la Société.

3370. — Le Chariot d'Or. *Paris, Société du Mercure de France,* 1901, in-18 réimposé in-8 raisin, vélin de la Société.

3371. — Contes. Hyalis. Rovère et Angisèle, Xanthis, Divine Bontemps. *Paris, imprimé aux frais du Dr Émile Goubert,* 1908 (*Imprimerie Nationale*). in-4, vélin de la Société, signé par le Dr Goubert.

3371 *bis*. STEINLEN. Des Chats, dessins sans paroles. *Paris, E. Flammarion, s. d.* (1898), album grand in-folio, papier du Japon, signé par l'auteur.

3372. TINAYRE (Marcelle). La Vie amoureuse de François Barbazanges. *Paris, Calmann-Lévy, s. d.* (1904), in-18 réimposé in-8 raisin, vélin de la Société, signé par l'auteur.

3373. TOULOUSE-LAUTREC (H. de). Treize Lithographies en double état, montées sur bristol, dans un emboîtage.

3374. VERHAEREN (Émile). Les Forces tumultueuses. *Paris, Société du Mercure de France,* 1901, in-18 réimposé in-8 raisin, vélin de la Société, signé par l'auteur.

3375. VERLAINE (Paul). Voyage en France par un Français, publié d'après le manuscrit inédit, préface de Louis Loviot. *Paris, librairie Léon Vanier, A. Messein successeur,* 1907, in-18 réimposé in-8, vélin de la Société.

3376. VERLAINE (Paul). Biblio-sonnets, poèmes inédits (préface de M. Pierre Dauze). Illustrations de Richard Ranft. *Paris, H. Floury,* 1913, in-8, Japon ancien.

Tirage à part des illustrations.

3377. VOGUÉ (Vicomte E.-M. de). Scènes de la vie parlementaire : Les Morts qui parlent. *Paris, Plon-Nourrit et Cie,* 1899, in-18, vélin de la Société, signé par l'auteur.

3378. WILLETTE (Adolphe). Œuvres choisies, contenant cent dessins choisis dans le *Courrier Français* de 1884 à 1901. Préface illustrée de l'auteur. *Paris, Simonis Empis,* 1901, papier vélin de Rives, signé par l'auteur.

3379. 10 portraits extraits des *Albums Mariani,* tirages à part avant la lettre.

Forain, sur Chine. — P. Adam, G. d'Esparbés, A. France, L. Hennique, C. Mendès, O. Mirbeau, L. Morin, Mucha, H. de Regnier, 9 portraits sur Japon.

REVUES

3380. CENTAURE (Le). Rédigé par MM. Henri Albert, André Gide, A.-Ferdinand Hérold, André Lebey, Pierre Louys, Henri de Régnier, Jean de Tinan, P. V. *Paris, 9, rue des Beaux-Arts*, 1896, 2 vol. in-4, cartonn., toile verte, non rognés, couvert. illust.

Exemplaire imprimé sur papier du Japon auquel on a joint les illustrations en **tirage à part**, à grandes marges, sur papiers spéciaux.

3381. CONQUE (La). *Paris*, 1891-1892, 11 fascicules in-8.

Collection complète. Le 12e numéro, annoncé dès le début de la publication, n'a jamais paru.

On y a ajouté un double du premier numéro

Principaux collaborateurs: Leconte de Lisle, Léon Dierx, André Gide, J.-M. de Heredia, Pierre Louÿs, Stéphane Mallarmé, Paul Verlaine, etc., etc.

3382. DÉCADENT (Le), revue littéraire bi-mensuelle, de Décembre 1887 au 31 Mai 1889, 35 numéros en un vol. pet. in-8, cartonn. toile lilas, non rogné (*Couvert.*).

Deuxième série, complète, de ce journal dont la première est de format in-fol. Les Numéros 33 à 35 ont pour titre : *La France littéraire*.

Principaux collaborateurs: Paul Verlaine, Laurent Tailhade, Jean Lorrain, Arthur Rimbaud, Louis Dumur, Jules Renard, François Coppée, etc.

3383. ÉCRITS POUR L'ART (mensuels), du 7 Janvier au 7 Juin 1887, 6 numéros in-8, portraits, brochés.

Principaux collaborateurs : S. Mallarmé, Verhaeren, René Ghil, H. de Regnier, Stuart Merrill, etc.

3384. GAZETTE ANECDOTIQUE, littéraire artistique et bibliographique, publiée par G. D'Heylli. *Paris, Librairie des Bibliophiles*, 1876-1891, 30 vol. in-12, dos et coins de mar. La Vall. tête dor., non rognés (*Rousselle*).

Du 15 Janvier 1876 (nº 1) au 30 Juin 1891.
On y a joint la *Table alphabétique et analytique de 1876 à 1885*, in-12 cartonn. toile, non rogné.

3385. GRIMACES (Les), rédacteur en chef, Octave Mirbeau. Du 21 Juillet 1883 au 12 Janvier 1884, 26 numéros in-12, brochés.

Collection complète; les principaux collaborateurs étaient O. Mirbeau, Capus, Grosclaude, etc.

3386. JEUNE FRANCE (La). De l'origine, 1er mai 1878, au 1er Avril 1882. *Paris*, 1878-1888, 48 numéros in-8, brochés.

Les 48 premiers numéros de cette revue dont les principaux collaborateurs étaient: André Gill, Leconte de Lisle, Paul Arène, A. Daudet, Jules Claretie, Anatole France, F. Coppée, E. Zola, etc.

3387. JEUNESSE (La), revue littéraire, de Novembre 1879 à Août 1880, 10 numéros en 7 fascicules in-12, brochés.

Principaux rédacteurs de cette revue publiée à Périgueux : J. Richepin, J. Rameau, L. Valade, L. de Gourmont, etc.

3388. HYDROPATHE (L'). Rédacteur en chef: Emile Goudeau. De l'origine, 22 janvier 1879, au 12 mai 1880. *Paris*, 1879-1880, 32 numéros in-4.

Collection complète.
Principaux collaborateurs: André Gill, F. Sarcey, Alph. Allais, F. Champsaur, Em. Goudeau, etc., etc.
On y a ajouté : *Tout Paris* (ancien Hydropathe) numéros du 23 et 30 Mai, 6 et 13 Juin 1880. — Les numéros 6, 7, 10, 11, 12, 13 et 14 de la *Presse parisienne*.

3389. PLÉIADE (La). De l'origine, mars, à novembre 1886. *Paris*, 1886, 7 numéros en 1 vol. in-8, cartonn. demi-toile grise, non rogné.

Les numéros de septembre et d'octobre n'ont pas été publiés.
Première série ayant eu Rodolphe Darzens pour directeur; les principaux collaborateurs étaient J. Ajalbert, M. Maeterlinck, Mikhaël, Pierre Quillard, Paul Roux, René Ghil, etc.

3390. PLUME (La), revue littéraire et artistique. De l'origine, 1889, à 1904 inclus. *Paris*, 1889-1895, 7 années reliés en 12 vol. in-8, vélin blanc, non rognés.

Principaux collaborateurs: Paul Adam, Louis Dumur, A. Retté, Laurent Tailhade, Willy, Hugues Rebell, J.-K. Huysmans, Jean Lorrain, E. Verhaeren, Paul Verlaine, H. de Régnier, F. Viélé-Griffin, etc.

Ce sont les 150 premiers numéros auxquels on a ajouté 19 numéros des années 1903-1905.

3391. RÉPUBLIQUE DES LETTRES (La), revue mensuelle : de l'origine, 20 décembre 1875, au 3 juin 1877. *Paris*, 1875-1877, 55 numéros, brochés.

Collection rare.

Principaux collaborateurs : G. Flaubert, Leconte de Lisle, Anatole France, Richepin, Emile Zola, J.-K. Huysmans, A. Daudet, Th. de Banville, S. Mallarmé, de Heredia, Villiers de l'Isle-Adam, Léon Dierx, etc., etc.

C'est dans cette publication qu'a paru, pour la première fois, la seconde partie de l'*Assommoir*.

3392. REVUE D'AUJOURD'HUI. De l'origine, janvier, à septembre 1890. *Paris*, 1890, 15 fascicules in-8.

Collection complète.

Principaux collaborateurs: Villiers de l'Isle-Adam, Paul Bonnetain, P. Verlaine, Arthur Rimbaud, Lucien Descaves, Georges d'Esparbès, Paul Verlaine, Ch. Baudelaire (œuvres inédites), S. Mallarmé, Jules Renard, etc.

3393. REVUE DES ROMANS, recueil d'analyses raisonnés des productions remarquables des plus célèbres romanciers français et étrangers par Eusèbe G***** (Girault de St Fargeau). *Paris, Firmin Didot frères*, 1839, 2 vol. in-8, brochés.

Contenant 1100 analyses faisant connaître, avec assez d'étendue pour en donner une idée exacte, le sujet, les personnages, l'intrigue et le dénouement de chaque roman.

3394. REVUE DU MONDE NOUVEAU, littéraire, artistique, scientifique, rédacteur en chef Charles Cros, 3 numéros in-8, brochés.

Numéros des 15 Février, 1er Avril et 1er Mai 1874, tout ce qui a paru de cette revue dont les principaux collaborateurs étaient Leconte de Lisle, Léon Dierx, Mallarmé, Villiers de l'Isle-Adam, Paul Arène, de Heredia, E. Zola.

3395. REVUE FANTAISISTE : 15 février-15 novembre 1861. *Paris*, 1861, 19 livraisons in-8.

Collection complète, renfermant un frontispice et 12 eaux-fortes de *R. Bresdin*.

Principaux collaborateurs: Catulle Mendès, J. Claretie, Villiers de l'Isle-Adam, A. Daudet, J. Noriac, Hégésippe Moreau, Th. de Banville Champfleury, Alp. Daudet, Th. Gautier, Louis Bouilhet, Amédée Rolland, Ch. Baudelaire.

Rare avec toutes les eaux-fortes.

3396. REVUE (La) INDÉPENDANTE, politique, littéraire et artistique, de Mai 1884 (1er numéro) à Mars 1888, 6 vol. in-12, cartonn. toile grise.

On y a ajouté les numéros de Mai, Juillet à Décembre 1888, brochés.

Principaux collaborateurs: Ed. de Goncourt, Huysmans, Zola, Camille Lemonnier, Haraucourt, J. Moredo, Ed. Rod, Barrès, Gustave Kahn, J. Laforgue, J.-H. Rosny, Barbey d'Aurevilly, Verlaine, Richepin, Verhaeren, Mallarmé, Villiers de l'Isle-Adam, etc., etc.

3397. REVUE MODERNISTE (La). Décembre 1884 à février 1886, 12 numéros en 3 vol. in-12, cartonn. demi-toile bleue, non rognés (*Couvert.*).

Revue devenue rare.

Principaux collaborateurs : Guy de Maupassant, Huysmans, Henry Becque, Rodenbach, Maurice Barrès, Haraucourt, Paul Guigou, Gabriel Mourey, etc., etc.

3398. REVUE WAGNÉRIENNE, fondateur directeur : Edouard Dujardin. *Paris, Fischbacher*, 1885-1888, 3 vol. in-8, cartonn. demi-toile grise, non rognés.

Collection complète, du 8 Février 1885 au 15 Juillet 1888 ; lithographies de *Fantin Latour*, *Odilon Redon*, *J. E. Blanche*.

Principaux collarorateurs: Edouard Dujardin, Catulle Mendès, T. de Wyzewa, E. Mikaël, Gabriel Mourey, Villiers de l'Isle-Adam, etc.

3399. SCAPIN (Le). Du 1er septembre au 19 décembre 1886, 9 fascicules en 1 vol. in-12, cartonn. demi-toile grise, non rogné.

Principaux collaborateurs : S. Mallarmé, Léon Cladel, P. Verlaine, Jean Lorrain, Le Cardonnel, Rachilde, J. Renard, etc., etc.

3400. VOGUE (La). De l'origine, 11 avril, au 27 décembre 1886. *Paris*, 1886, 34 numéros en 3 vol. in-12, cartonn., demi-toile rouge, non rognés (*Couvert.*).

Principaux collaborateurs: G. Kahn, J. Laforgue, Jean Moréas, Paul Verlaine, Arthur Rimbaud, Paul Adam, Stéphane Mallarmé, Villiers de l'Isle-Adam, Verhaeren, etc., etc.

On y a ajouté un quatrième volume, d'un format un peu plus grand, formant le tome IV de *La Vogue* et contenant trois numéros parus en Juillet, Août et Septembre 1889.

LIVRES ILLUSTRÉS

CONTEMPORAINS

3401. ADAM (Paul). Le Serpent noir. Eaux-fortes et pointes-sèches de Malo Renault. *Paris, pour les Cent bibliophiles,* 1913, gr. in-8, broché, dans un étui.

Edition imprimée à 130 exemplaires, par les soins M. Eugène Rodrigues.

3402. AUMALE (Duc d'). Les Zouaves et les Chasseurs à pied. Illustrations de Charles Morel, gravées sur bois par Cl. Bellenger, Leveillé, Noel, Paillard. *Paris, pour la Société des Amis des livres, s. d.*, in-8, cartonn. vélin blanc, armes du duc d'Aumale, non rogné (*Couvert. illust.*).

Edition imprimée à 123 exemplaires sur papier vélin de cuve des Papeteries du Marais.

3403. BADAUDERIES PARISIENNES. Les Rassemblements. Physiologie de la rue observées et notées par Paul Adam, Alfred Athys, Victor Barrucand, Tristan Bernard, Léon Blum, Romain Coolus, Félix Fénéon, Gustave Kahn, Ernest La Jeunesse, Lucien Muhlfeld... Prologue par Octave Uzanne, gravures hors texte de Félix Courboin. *Paris, pour les Bibliophiles indépendants, Henry Floury,* 1896, in-8, broché (*Couvert. illust.*).

Tirage à 200 exemplaires.

3404. BALADES DANS PARIS. Au Moulin de la Galette. — A l'Hôtel Drouot. — Sur les Quais. — Au Luxembourg. Notes inédites, par MM. E. R., Paul Eudel, B.-H. Gausseron, et Adolphe Retté. *Paris, Imprimé pour les Bibliophiles contemporains,* 1894 pet. in-4, mar. olive jans., doublé de mar, brun avec grand motif mosaïqué à l'intérieur du premier plat, hirondelles dorées sur le second, dos orné, fil. à l'int., gardes de soie fantaisie, tr. dorées, couvert. (*Ch. Meunier*).

Edition tirée à 180 exemplaires : eaux-fortes de *Bertrand*, en deux états : coloriées et en noir.

3405. BARBEY D'AURÉVILLY (Jules). Le Chevalier de Touches. Dessins de Julien de Blant, gravés à l'eau-forte par Champollion. *Paris, Libr. des Bibliophiles*, 1886, in-8, mar. rouge, jans., dent. int., tr. dorées, couvert. étui (*Noulhac*).

Un des 100 exemplaires imprimés sur **vélin de Hollande**; il a été enrichi de **17 aquarelles originales d'A. Bligny**, plusieurs importantes et toutes exécutées dans les marges.

3406. BARBEY D'AUREVILLY (Jules). Le Bonheur dans le crime, préface par Paul Festugière. *Paris, Société normande du livre illustré*, 1897, in-8, broché et album.

Tiré à 85 exemplaires, avec les eaux-fortes de *Monziès* d'après *Régamey* en trois états dont l'eau-forte pure.

3407. BARBEY D'AUREVILLY (Jules). L'Ensorcelée. Aquarelles de Maurice Ray, gravées par Maccard. *Paris, Société normande du Livre illustré*, 1912, gr. in-8, cartonn., toile verte, non rogné (*Couvert.*).

Tiré à 130 exemplaires sur papier vélin.

3408. BATAILLE (Henry). Têtes et Pensées. *Paris, Ollendorff*, 1901, In-fol. dans un carton.

Édition originale.

Un des **50** exemplaires imprimés sur **papier du Japon** contenant **deux suites** sur **papier de Chine**, une en teinte et l'autre en noir. La suite du livre est sur Japon.

On y a joint le portrait de Georges Ohnet tiré à quelques exemplaires et non publié.

3409. BAUDELAIRE (Charles). Les Fleurs du mal. Illustrations de A. Rassenfosse. *Paris, pour les Cent bibliophiles*, 1899, gr. in-8, en feuilles dans trois étuis.

Edition complète avec les pièces condamnées et tirée à 115 exemplaires sur papier de Hollande.

On y a ajouté :

1° Un spécimen de l'édition en cours d'exécution (juin 1897) ;

2° Une suite de 17 eaux-fortes de *Ch. Jouas, Lacault, van Muyden, Lemaistre*, gravées par *Lacault* et *van Muyden*.

3° 6 lithographies de *T.-P. Wagner* et *Jean Veber*.

4° Le menu du « Diner des *Fleurs du Mal* » (Mai 1901).

3410. BERGERET (Gaston). Les Evénements de Pontax. Écriture manuscrite et aquarelles originales d'après Henriot. *Paris, Carteret et Cie*, 1899, gr. in-8, cartonn. dos et coins de mar. vert foncé, dos orné et mosaïqué, non rogné, couvert. illust. (*Carayon*).

Tirage à 200 exemplaires.
Celui-ci est un des 175 imprimés sur papier vélin du Marais.

3411. BÉROALDE DE VERVILLE. Le Moyen de parvenir, œuvre contenant la raison de ce qui a esté, est et sera, avec démonstrations certaines selon la rencontre des effects de vertu. Nouvelle édition collationnée sur les textes anciens, avec notes, variantes, index, glossaire et notice bibliographique par un bibliophile campagnard. *Paris, Léon Willem*, 1870-72. 2 tomes en 1 vol. pet. in-8, mar. citron, jans., dent. int., tr. dor. (*Thibaron*).

Exemplaire imprimé sur **papier de Chine** d'une édition non mise dans le commerce.

3412. BOUILHET (Louis). Melaenis. Préface de A. Join-Lambert. *Évreux, imprimerie Charles Hérissey*, 1900, gr, in-8.

Tirage unique à 140 exemplaires imprimés sur papier vélin; aquarelles de *Paul Gervais*, gravées en couleurs par *Bertrand*.

3413. BOURGES (Élémir). Le Crépuscule des Dieux. Eaux-fortes en couleurs de Richard Ranft. *Paris, le Livre contemporain*, 1905, gr. in-8, broché dans un étui.

Ouvrage tiré à 119 exemplaires.

3414. CHAMPFLEURY. Le Violon de faïence. Dessins en couleur par Emile Renard: eaux-fortes par M. J. Adeline. *Paris, Dentu*, 1877, pet. in-8, broché (*Couvert. illust.*).

3415. CHAMPFLEURY. Le Violon de faïence; illustré de 34 eaux-fortes de Jules Adeline. Avant-propos de l'auteur. *Paris, L. Conquet*, 1885, pet. in-8, mar. bleu, fil., dos orné, 5 fil. à l'int., tr. dor., couverture (*Pagnant*).

Exemplaire sur **papier du Japon** offert par Conquet à l'éditeur Quantin.
On y a ajouté la suite des illustrations avant la lettre sur Whatman, avec envoi d'Adeline et titre manuscrit calligraphié par ce dernier.

3416. CHANSON A MONTMARTRE (La). par Blès (N.), Bonnaud (D.), Botrel (Th.), Ferny (J.), Fursy, Hyspa (V.), Lemercier (E.), Mendrot (J.), Privas (X.), Sécot (A.), Trimouillat (P.), et Varney (J.). Illustrations de Edmond Gros, Matet et B. Numa. *Edité pour l'Echo de Paris par la Librairie internationale,* 1900, in-4, cartonné, couvert. illust. de l'éditeur.

Un des 12 exemplaires imprimés sur **papier impérial du Japon.**

3417. CHANSONNIER NORMAND. Préface de Joseph de l'Hopital, table historique de A. Join-Lambert, décoration de Ad. Giraldon. *Paris, aux dépens de la Société normande du livre illustré,* 1905, très grand in-8, cartonn., toile verte, non rogné (*Couvert.*).

Edition tirée à 125 exemplaires.

3418. CLARETIE (Jules). Le Drapeau, édition illustrée de gravures hors texte par A. de Neuville, de gravures sur bois d'après les dessins de Edmond Morin et du portrait de l'auteur gravé à l'eau-forte, par A. Gilbert. *Paris, Georges Decaux, Maurice Dreyfous,* 1879, pet. in-4, broché.

Un des 40 exemplaires imprimés sur **papier Whatman** auquel on a ajouté une **suite sur Chine** des figures hors texte.

3419. CLARETIE (Jules). Bouddha. 1 frontispice et 10 vignettes dessinés par Robaudi, gravés par A. Nargeot. *Paris, Conquet,* 1888, in-16, mar. orange, encadr. de jones mosaïqués sertis de fil., dos orné, 5 fil. à l'int., tr. dor., couvert. imp. (*Chambolle-Duru*).

Exemplaire n° 3 imprimé sur **papier du Japon** renfermant les illustrations en **deux états** dont l'EAU-FORTE PURE.

3420. CLARETIE (Jules). Les Piétons de Paris. Illustrations de Luigi Loir. *Paris, Le Livre contemporain,* 1911, in-4, en feuilles dans un carton.

Edition tirée à 100 exemplaires, sur papier vélin, et publiée par les soins de MM. Émile Goubert et Pierre Dauze.

3421. CORNEILLE (Pierre). Le Cid, tragédie, eaux-fortes par Louis Müller. *Paris, Société normande du Livre illustré,* 1909, in-4, cartonn. toile verte, non rogné.

Tiré à 116 exemplaires sur papier vélin, compositions et ornementation d'*A. Fr. Gorguet*, les hors texte gravés par *Louis Muller*.

3422. CROS (Charles). Le Fleuve, eaux-fortes d'Edouard Manet. *Paris, Librairie de l'Eau-forte,* 1874, plaquette pet. in-4, brochée.

Tirage unique à 100 exemplaires sur papier fort de Hollande, signés par les auteurs.

On y a joint deux lettres autographes, l'une de Ch. Cros, l'autre de Ed. Manet, toutes deux relatives à cette publication.

3423. DANTE Alighieri. Vita nova, illustrée par Maurice Denis, traduite par Henry Cochin. *Paris, le Livre contemporain*, 1907, in-4, en feuilles dans un carton.

Beau livre, très recherché, tiré à 130 exemplaires; il est illustré de bois en couleurs gravés par *Camille* et *Georges Beltrand*, d'après *Maurice Denis*.

3424. DAUDET (Alphonse). Contes choisis avec sept eaux-fortes par E. Burnand. *Paris, Libr. des bibliophiles*, 1883, in-8, cartonn., dos et coins de mar. bleu, non rogné (*Couvert.*).

Exemplaire sur **papier Whatman**, contenant **quatre suites** des gravures, dont l'**eau-forte pure** (dont il n'existe que 10 exemplaires) tirée sur papier du Japon, une suite également tirée sur Japon d'**épreuves d'artiste** avec la remarque, et les deux autres que comportent les 20 exemplaires sur Whatman. Le portrait se trouve ici en **cinq états**.

3425. DAUDET (Alphonse). Fromont jeune et Risler aîné, mœurs parisiennes. Notice littéraire par Gustave Geffroy. Douze compositions d'Em. Bayard, gravées à l'eau-forte par J. Massard. *Paris, L. Conquet*, 1885, 2 vol. pet. in-8, brochés.

Exemplaire n° 94 imprimé sur **grand papier du Japon**, renfermant les illustrations en **deux états** : AVANT et avec la lettre.

3426. DAUDET (Alphonse). La Défense de Tarascon. Seize aquarelles d'après Draner. *Paris, L. Conquet*, 1886, in-16, mar. rouge, comp. de fil. et de fers azurés, dos orné, tr. dor., couvert. illust. (*A. Cuzin*).

Un des **8** exemplaires sur **papier vélin blanc** non mis dans le commerce contenant les figures coloriées et le **tirage à part** en noir sur Japon de toutes les illustrations.

3427. DAUDET (Alphonse). Le Roman du Chaperon-rouge. Neuf lithographies originales de Louis Morin. *Paris, Carteret et Cie*, 1903, in-8, broché.

Exemplaire imprimé sur papier vélin du Marais, offert par les éditeurs.

3428. DAUDET (Alphonse). Lettres de mon moulin. Illustrations de José Roy et G. Fraipont. *Paris, E. Flammarion*, 1904, in-4, fig. en couleurs hors texte et figures gravées sur bois dans le texte, broché.

Edition de grand luxe tirée à 75 exemplaires sur **papier de Chine** pour la librairie Conquet (L. Carteret et Cie, successeurs). Les figures en couleurs, hors texte, sont en deux états: avant la lettre avec remarques, sur Japon et sur vélin.

3429. DELMET (Paul). Chansons de femmes. Poésies de H. Bernard, Th. Botrel, M. Boukay, L. Forest, J. Madeleine, H. Maigrot, J. Méry, B. Millanvoye, A. Sylvestre, L. Suès. Préface d'A. Sylvestre, lithographies de Steinlen. *Paris, Enoch et Cie et P. Ollendorff, s. d.*, gr. in-8, cartonn., dos et coins de mar. vert foncé, fil., dos orné, couverture illust. (*Carayon*).

PREMIER TIRAGE.
Un des 50 exemplaires imprimés sur **papier du Japon.**

3430. DELMET (Paul). Nouvelles Chansons. Poésies de H. Bernard, M. Boukay, G. d'Esparbès, J. Madeleine, L. Marsolleau, V. Meusy, R. Milès, G. Le Roy, M. Vaucaire, G. Vicaire, lithographies de Ad. Willette. *Paris, H. Tellier, s. d.*, in-4, cartonn., dos et coins de mar. bleu, fil., dos orné, tête dor. (*Couvert. illust.*).

PREMIER TIRAGE.
Exemplaire avec une double suite des illustrations sur Japon.

3431. DELORME (Hugues). Quais et trottoirs. 13 lithographies en couleurs de Heidbrinck. *Paris, imprimé pour les Cent Bibliophiles*, 1898. In-8, broché (*Couvert. illust.*).

Tiré à 115 exemplaires.

3432. DINET (E.). Rabiâ el Kouloub, ou le Printemps des cœurs, légendes sahariennes recueillies par Sliman-Ben-Ibrahim, traduites et illustrées par E. Dinet. *Paris, l'Édition d'Art*, 1902, in-8, broché (*Couvert. illust.*).

Exemplaire imprimé sur papier vélin.

3433. DOUCET (Jérome). Anacréon (Introduction et pièces choisies). Illustré de huit compositions de Louis-Edouard Fournier. Eaux-fortes de Pennequin. *Paris, Ferroud*, 1903, in-8, mar. La Vall, encadrem. de larges bandes de mar. brun, avec motifs mosaïqués, comp. de 7 fil. à l'int., doubl. et gardes de faille beige, tête dor., non rogné, couverture (*René Kieffer*).

Un des 25 exemplaires imprimés sur **papier du Japon** contenant les eaux-fortes en **trois états** dont l'EAU-FORTE PURE.
Il renferme **deux dessins originaux** de L. F. Fournier.

3434. DOUCET (Jérome). Six belles histoires de chasse, dessins de Harry Eliott. *Paris, A. Blaizot*, 1907, gr. in-8, broché (*Couvert. illust.*).

Un des 50 exemplaires contenant **un dessin original** et la suite en noir, sur Chine, de toutes les illustrations.

3435. DOUCET (Jérome). Six grosses bouffées de pipe. Aquarelles de Harry Eliott. *Paris, A. Blaizot,* 1908, in-8, broché (*Couvert. illust.*).

Un des 50 exemplaires contenant la suite des figures en noir sur Chine et **un dessin original.**

3436. DROZ (Gustave). Monsieur, Madame et Bébé, édition illustrée par Edmond Morin et ornée d'un portrait de l'auteur en frontispice gravé par Léopold Flameng. *Paris, Victor Havard,* 1878, gr. in-8, dos et coins de mar. bleu, fil., dos orné et mosaïqué, tête dor., non rogné, couvert. illust. (*Champs*).

Un des 50 exemplaires imprimés sur **papier Whatman,** portrait avec le nom de l'artiste à la pointe, c'est-à-dire avant l'impression typographique.

3437. DUBOSC (Georges). Rouen d'hier et d'aujourd'hui. Préface de Léon Hennique. Dessins originaux de Charles Jouas, gravés sur bois par Eugène Dété. *Paris, A. Blaizot,* 1908, in-8, cartonn. toile verte (*Couvert.*).

Un des 50 exemplaires imprimés sur **papier de Chine**: contenant un **tirage à part** de toutes les illustrations en **deux états**: en noir et en couleur.

Ces exemplaires ont été réservés aux membres de la *Société normande du livre illustré.*

3438. DU CAMP (Maxime). Une Histoire d'Amour. Un portrait gravé par A. Lamotte, huit compositions de P. Blanchard, gravées par Buland. *Paris, L. Conquet,* 1888, in-16, mar. rouge, encadr. de 4 fil., dos orné, large dent. à l'int., tête dor. non rogné (*Gruel*).

Exemplaire imprimé sur **papier du Japon.**

3439. DUMAS FILS (Alexandre). Affaire Clémenceau, eaux-fortes originales par Albert Besnard. *Paris, le Livre contemporain,* 1905, suite in-8 en feuilles dans un carton.

Frontispice et 10 figures. Le frontispice est en 6 états et les figures en deux, dont un avec remarques.

3440. FÉMINIES, huit chapitres inédits dévoués à la femme, à l'amour, à la beauté, par Gyp, Abel Hermant, Henri Lavedan, Marcel Schwob et Octave Uzanne. Frontispices en couleurs d'après Félicien Rops. Encadrements et vignettes de Rudnicki. *Paris, imprimé pour les Bibliophiles contemporains,* 1896, in-8, broché (*Couvert. illust.*).

Tirage unique à 183 exemplaires imprimés sur **papier du Japon**; contenant les figures en deux états: avant la lettre en noir, avec remarques et avec la lettre, tirées en couleurs.

3441. FEUILLET (Octave). Le Village, scène provinciale. Préface de Mme Octave Feuillet. *Aux dépens de la Société normande du Livre illustré,* 1901, pet. in-8, broché.

Tirage unique à 143 exemplaires sur papier vélin, ornés d'un portrait, d'une figure et de 3 vignettes d'*Albert Darvant,* gravés au burin par *Boisson.*

3442. FÉVAL (Paul). Le premier Amour de Charles Nodier. Avant-propos de Maurice Tourneux. *Paris, A. Rouquette,* 1900, pet. in-8, dos et coins de mar. bleu à longs grains, fil., dos orné, tête dor., non rogné, couverture (*Bretault*).

Tirage unique à 150 exemplaires contenant le tirage à part, sur papier de Chine, de toutes les illustrations.

3443. FLAUBERT (Gustave). La Légende de St-Julien l'Hospitalier. Préface d'Octave Join-Lambert. Fac-simile d'un manuscrit, calligraphié, enluminé et historié par Malatesta. *Aux dépens de la Société normande du livre illustré, Paris,* 1906, pet. in-4, cartonn. toile beige (*Couvert. illust.*).

Tirage unique à 170 exemplaires sur papier du Japon.

3444. FORAIN. Album (50 dessins). *Paris, Simonis Empis, s. d.,* in-4, cartonn. demi-toile rouge, non rogné (*Couvert. illust.*).

Exemplaire sur **papier du Japon.**
Préface d'Alphonse Daudet.

3445. FORAIN. La Vie. *Paris, Juven. s. d.,* album in-4, cartonn., dos et coins toile rouge, non rogné (*Couvert. illust.*).

Un des **50** exemplaires sur **papier du Japon.**

3446. FORAIN. Nous, vous, eux! *Paris, Vie parisienne, s. d.,* album in-4, broché.

Un des **50** exemplaires sur **papier du Japon.**

3447. FORAIN. La Comédie parisienne. Deux cent cinquante dessins par J. L. Forain. *Paris, Charpentier et Fasquelle, L. Conquet,* 1892, pet. in-8, cartonn. dos et coins de veau rose, dos orné de dessins à la plume, non rogné, couvert. illust. (*Carayon*).

ÉDITION ORIGINALE.
Un des **100** exemplaires imprimés sur **papier de Chine.**

3448. FORAIN. La Comédie parisienne. Deuxième série. 188 dessins. *Paris, Lib. Plon, s. d.* (1904), in-12, broché (*Couvert. illust.*).

PREMIER TIRAGE.
Un des **100** exemplaires imprimés sur **papier de Chine**.

3449. FORAIN. Les Temps difficiles (Panama). *Paris, G. Charpentier et E. Fasquelle,* 1893. In-4, cartonn., dos et coins toile verte (*Couvert. illust.*).

PREMIER TIRAGE.
Un des 100 imprimés tirés sur **papier de Chine** pour la librairie Conquet contenant **deux suites** des planches : AVANT et avec la lettre.

3450. FORAIN. Doux pays. 189 dessins. (*Paris*) *Librairie Plon, s. d.* (1897), pet. in-4, cartonn. demi-veau fauve, dos orné de dessins à la plume, non rogné, couvert. illust. (*Carayon*).

EDITION ORIGINALE.
Exemplaire imprimé sur **papier de Chine**.

3451. FORAIN. Psst..! Images par Forain et Caran d'Ache. *Paris, Librairie Plon,* 1898-1899, 85 numéros en 2 vol. in-folio, dos et coins mar. rouge, non rognés (*Carayon*).

Exemplaire imprimé sur **papier du Japon** auquel on a ajouté la suite des illustrations AVANT la lettre sur papier blanc glacé.

3452. FRANCE (Anatole). Abeille, Conte. Illustrations en couleurs de Carl Gehrts. *Paris, Charavay frères,* 1883, in-4, cartonnage des éditeurs.

EDITION ORIGINALE.

3453. FRANCE (Anatole). Nos Enfants. Scènes de la Ville et des Champs. Illustrations de M. B. de Monvel. *Paris, Hachette et Cie,* 1887, in-4, en feuilles dans le cartonnage des éditeurs.

Exemplaire imprimé sur **papier du Japon**.

3454. FRANCE (Anatole). L'Affaire Crainquebille, 62 compositions de Steinlen, gravées par Deloche, E. et F. Florian, les deux Froment, Gusman, Mathieu et Perrichon. *Paris, Édouard Pelletan,* 1901, in-8, dos et coins de mar. bleu, fil., dos orné et mosaïqué, tête dor., couverture (*Durvand*).

Exemplaire n° 274, imprimé sur papier vélin.

3455. FRANCE (Anatole). Le Procurateur de Judée. *Paris, Société des Amis des livres,* 1902, in-16, mar. bleu, fil., encadr. mosaïqué de mar. La Vall., fil. et trèfles, dos mosaïqué de trèfles dorés, doubl, de mar. bleu, très large dent. int. à petits fers, gardes de faille, tr. dor., couvert., dans un étui (*Noulhac*).

Edition entièrement gravée, tirée à 130 exemplaires sur papier vélin.

3456. FRANCE (Anatole). Madame de Luzy. Dix compositions dessinées et gravées par Ad. Lalauze. *Paris, A. Ferroud,* 1902, in-16, broché.

Exemplaire sur **papier du Japon** avec les illustrations en **deux états** : AVANT et avec la lettre.

3457. FRANCE (Anatole). Histoire comique, pointes sèches et eaux-fortes de Edgar Chahine. *Paris, Calmann-Lévy, s. d.,* (1905). pet. in-4, broché.

Un des 20 exemplaires imprimés sur **papier du Japon** avec la **suite sur Japon** à la forme de toutes les compositions, en un carton in-4.

3458. FRANCE (Anatole). Le Puits de Sainte Claire. *Paris, le Livre contemporain,* 1908, in-8 en feuilles dans un étui.

Ouvrage imprimé à 121 exemplaires ; il est orné d'eaux-fortes originales de *T. Polat.*

3459. FRANCE (Anatole). Les Opinions de M. Jérôme Coignard, recueillies par Jacques Tournebroche et publiées par Anatole France. *Les Cent Bibliophiles, Paris,* 1914, in-4, broché, couvert. illust. dans un étui.

Cet ouvrage, illustré de bois de *Louis Jou*, a été tiré 130 à exemplaires.

3460. FROMENTIN (Eugène). Dominique. *Paris, le Livre contemporain,* 1905, in-8 en feuilles dans un carton.

Ouvrage orné d'un frontispice et de paysages de *Gustave Leheutre*, gravés à l'eau-forte. Il a été tiré à 117 exemplaires.

3461. GAUTIER (Théophile). L'Eldorado ou Fortunio publié sur sur l'édition originale. Eaux-fortes de Milius, vignettes d'Avril. *Paris, imprimé pour les Amis des Livres par Motteroz,* 1880, gr. in-8, broché.

Tiré à 115 exemplaires contenant les eaux-fortes en **deux états** et le tirage à part sur Chine des vignettes : en noir et en bistre.

3462. GAUTIER (Théophile). Mademoiselle de Maupin, double amour. Réimpression textuelle de l'édition originale, notice biographique par M. Charles de Lovenjoul. *Paris, L. Conquet,* 1883, 2 vol. gr. in-8, brochés.

Exemplaire n° 94 imprimé sur **papier du Japon.**
On y a ajouté la suite des 18 compositions de *Toudouze* gravées par *Champollion* en **deux états** sur Japon : AVANT et avec la lettre et les pièces refusées en trois états.

3463. GAUTIER (Théophile). Emaux et Camées. Cent douze dessins de Gustave Fraipont. Préface par Maxime Du Camp. *Paris, L. Conquet,* 1887, in-16, mar. bleu, compart. de fil., angles ornés de feuillage et d'une fleur mosaïquée, dos orné et mosaïqué, tr. dor., couvert. illust. (*Marius Michel*).

Exemplaire imprimé sur **papier de Chine.** On y a joint 1 vol. dos et coins de mar. bleu contenant les **tirages à part** sur Chine de toutes les illustrations.

3464. GOUDEAU (Emile). Paysages parisiens, heures et saisons. Illustrations composées et gravées sur bois et à l'eau-forte par Auguste Lepère. *Paris, imprimé pour Henri Béraldi,* 1892, in-8, cartonn. dos et coins veau fauve, dos orné, non rogné, couverture (*Carayon*).

Tirage unique à 138 exemplaires sur papier vélin.
Le dos de la reliure est orné d'un petit dessin à la plume.

3465. GOUDEAU (Émile). Parisienne idylle. Illustrations de Pierre Vidal. *Paris, imprimé pour Charles Meunier,* 1903, gr. in-8, cartonn. veau bleu marbré, non rog., couvert. illust., étui (*Cartonn. de l'éditeur*).

Edition tirée à 90 exemplaires.
Un des 70 exemplaires imprimés sur **papier de Chine,** contenant une **suite à part sur Japon** pelure de tous les bois.

3466. HALÉVY (Ludovic). La Famille Cardinal. *Paris, Calmann Lévy,* 1883, in-16, broché.

Un des 200 exemplaires imprimés sur papier vergé du Marais, contenant le frontispice et les 8 vignettes de *Mas,* gravées par *Massard.*

3467. HALÉVY (Ludovic). Trois coups de foudre. Dix dessins de Kauffmann, gravés par T. de Mare. *Paris, L. Conquet,* 1886, in-16, mar. citron, encadr. de 4 fil., dos orné, large dent. à l'int., tête dor., non rogné (*Gruel*).

Un des 150 exemplaires imprimés sur **papier du Japon.**

3468. HANOTAUX (G.) et VICAIRE (G.) La Jeunesse de Balzac.

Balzac imprimeur, 1825-1828. Avec trois estampes et deux portraits gravés sur bois par A. Lepère. *Paris, Ferroud,* 1903, pet. in-4, broché.

Un des **60** exemplaires imprimés sur **papier du Japon** contenant les illustrations en **deux états.**

3469. HARAUCOURT (Edmond). L'Effort, la Madone, l'Antéchrist, l'Immortalité, la Fin du monde. *A Paris, publié pour les Sociétaires de l'Académie des beaux livres,* 1894, in-4, broché.

Illustrations de *Rudincki, Lunois, Eug. Courboin, Schwabe, Alex. Séon.* Publications de la Société des Bibliophiles contemporains.

3470. HISTOIRE DES QUATRE FILS AYMON très nobles et très vaillants Chevaliers, illustrée de compositions en couleurs par Eugène Grasset, gravure et impression par Charles Gillot, introduction et notes par Charles Marcilly. *Paris, H. Launette,* 1883, in-4, cartonn. fantaisie, non rogné, couverture (*Carayon*).

Un des 100 exemplaires sur **papier de Chine.**

3471. HUGO (Victor). Les Orientales. Illustrées de huit compositions de MM. Gérôme et Benjamin Constant, gravées à l'eau-forte par M. de Los Rios. *Paris, Imprimé pour les Amis des livres,* 1882, in-4, mar. rouge, jans., doublé de mar. réséda, filet, gardes de moire rouge, tr. dor. (*Noulhac*).

Edition tirée à 135 exemplaires sur **papier du Japon**, avec les 8 illustrations en deux états dont l'eau-forte pure.

3472. **HUYSMANS** (J.-K.). A rebours. Deux cent vingt gravures sur bois en couleurs par Auguste Lepère. *Pour les Cent bibliophiles. Paris,* 1903, in-8, en feuilles, dans un carton.

Edition tirée à 130 exemplaires.
Un des livres modernes illustrés les plus recherchés.

3473. **HUYSMANS** (J.-K.). Le Quartier Notre-Dame, illustrations et gravures de Ch. Jouas. *Paris, Librairie de la Collection des Dix,* 1905, in-8, broché (*Couvert. illust.*).

Un des **20** exemplaires imprimés sur **papier du Japon** contenant les illustrations en **trois états**, dont l'EAU-FORTE PURE.

3474. **HUYSMANS** (J.-K.). La Cathédrale. Soixante-quatre eaux-fortes originales de Charles Jouas. *Paris, A. Blaizot et R. Kieffer,* 1909, gr. in-8, broché (*Couvert. illust.*).

Exemplaire sur vélin, illustrations avec la lettre.

3475. LECONTE DE LISLE. Contes en prose (Impressions de jeunesse). Préface de Jean Dornis. *Paris, Société normande du livre illustré,* 1910, in-8, port., cartonn. toile grise, non rogné (*Couvert.*).

Edition originale tirée à 135 exemplaires sur papier vélin.

3476. LEMAITRE (Jules). Contes blancs. La Cloche. La Chapelle blanche. Mariage blanc. Illustrations à l'aquarelle de Mlle Blanche Odin. *Paris, A. Durel,* 1900, pet. in-4, mar. bleu foncé, plats et dos ornés de tiges de muguet mosaïquées, doubl. et gardes de soie fantaisie, encadr. de mar. avec fil. et tiges de muguet mosaïq., tr. dor., couvert. (*Carayon*).

Edition publiée à 210 exemplaires sur **papier vélin** par Octave Uzanne pour les *Bibliophiles indépendants.* Ils contiennent le tirage à part des illustrations au trait.

3477. L'HOPITAL (Joseph). Foires et marchés normands, notes et fantaisies. Croquis d'après nature dessinés et gravés sur cuivre et sur bois par Auguste Lepère. *Aux dépens de la Société normande du livre illustré,* 1898, in-8, broché.

Tirage unique à 140 exemplaires imprimés sur papier vélin d'Arches.

3478. LORRAIN (Jean). Ma petite ville. — Le Miracle de Bretagne. — Un Veuvage d'Amour. — Illustrations à l'aquarelle de Manuel Orazi, gravées à l'eau-forte par Frédéric Massé et imprimées en couleurs; vignettes décoratives de Léon Rudincki. *Paris, Société française d'éditions d'art, L. Henry May,* 1898, petit in-4, dos et coins de mar. La Vall, fil., dos orné et mosaïqué, tr. dor. (*Couvert.*).

Exemplaire imprimé sur papier vélin de Rives.

3479. LORRAIN (Jean). La Mandragore. Trente-trois illustrations de Marcel Pille, gravées par Deloche, Florian, les deux Froment, et Julien Tynayre. *Paris, Édouard Pelletan,* 1899, in-8, mar. vert, figures pyrogravées sur les plats par Robert Kastor, dent. int., tr. dor., couverture (*Balle*).

Exemplaire n° 82 imprimé sur papier vélin du Marais.

3480. LOTI (Pierre). Madame Chrysanthème, Aquarelles et vignettes par Rossi et Myrbach. *Paris, Calmann Lévy,* 1888, in-8, cartonn. cuir japonais, non rogné, couverture illust. (*Champs*).

Edition originale.

Exemplaire sur **papier du Japon**.

On y a ajouté *une lettre autographe* de Loti remerciant Philippe Gille d'un article sur *Madame Chrysanthème*.

3481. LOTI (Pierre). Le Mariage de Loti. Illustrations de l'auteur et de A. Robaudi. *Paris, Calmann Lévy*, 1898, gr. in-8, broché.

Exemplaire imprimé sur **papier du Japon** pour A. Robaudi.

3482. LOUYS (Pierre). La Femme et le Pantin. Illustrations de A. Calbet et J. Dedina. *Paris, Borel*, 1899, in-12, en hauteur, broché (*Couvert. illust.*).

Un des 75 exemplaires sur **papier du Japon** avec une double suite des illustrations en épreuves hors texte, tirées en sanguine.

3483. LOUYS (Pierre). Byblis. Compositions en couleurs de Henri Caruchet. Préface par Gilbert de Voisins. *Paris, Ferroud*, 1901, in-8, cartonn. dos et coins mar. bleu, fil., dos orné, non rogné, couvert. illustrée (*Carayon*).

Exemplaire imprimé sur **papier du Japon**, pour le Bon de Claye; il contient le **tirage à part** en noir, sur **Chine** de toutes les illustrations.

3484. LOUYS (Pierre). Les Chansons de Bilitis. Trente-trois compositions de Raphaël Collin gravées à l'eau-forte par Ch. Chessa. *Paris, F. Ferroud*, 1906, gr. in-8, broché.

Exemplaire sur **grand papier vélin** d'Arches contenant les illustrations en **trois états** dont l'EAU-FORTE PURE.

3485. MAUCLAIR (Camille). Les Camelots de la pensée. Bois en couleurs de Maurice Delcourt. *Paris, les Cent bibliophiles*, 1902, in-8, broché.

Tirage à 130 exemplaires.
On y a ajouté 13 planches d'essai des figures et un petit croquis.

3486. MAUPASSANT (Guy de). Contes choisis. *Paris, imprimé pour la Société des Bibliophiles contemporains* (Académie des beaux livres), 1891-1892, 10 fascicules gr. in-8, brochés,

LE LOUP. Eaux-fortes par *E. van Muyden*. — LE CHAMP D'OLIVIERS. Illustr. par *P. Gervais*. — MADEMOISELLE FIFI. Illustr. par *A. Gerardin* et *Charles Morel*. — UNE PARTIE DE CAMPAGNE. — HAUTOT PÈRE ET FILS. Illustr. par *Georges Jeanniot*. — ALLOUMA. Illustr. par *P. Avril*. — MOUCHE. Illustr. par *F. Gueldry*. — LA MAISON TELLIER. Illustr. par *P. Vidal*. — UN SOIR. Illustr. par *Georges Scott*.. — L'EPAVE.

On a ajouté :
1° un titre en couleur par *Henri Boutet* pour *Une partie de campagne*.
2° la gravure en couleur pour *Mademoiselle Fifi*.
3° une suite de 6 lithographies d'*Alex. Lunois*, tirées sur Japon ancien pour *L'Epave*.
4° Frontispice en couleur de *P. Avril* d'après *Rops*.
Titre général et couverture collective.

3487. MAUPASSANT (Guy de). Le Lit; avant-propos de Henri Lavedan. Treize planches gravées par Champollion d'après les toiles originales de Jules Ferry. Titre, texte et monogramme dessinés et gravés par Stern, *Evreux, Société normande du Livre illustré*, 1895, in-4, en feuilles dans un carton.

Edition entièrement gravée et tirée à 76 exemplaires.

3488. MAUPASSANT (Guy de). Boule de suif. Compositions de François Thévenot, gravures sur bois de A. Romagnol. *Paris, Armand Magnier*, 1897, in-8, mar. bleu, fil., dos orné, dent int., tr. dor., couvert. illust. (*Chambolle-Duru*).

Exemplaire imprimé sur **papier du Japon ancien** pour L. Conquet; il renferme les illustrations en **deux états** et on y a ajouté la **suite complète des fumés** des illustrations du texte et hors texte, l'affiche de la publication et le tirage à part en couleurs de la figure de la couverture.

3489, MAUPASSANT (Guy de). Imprudence, croquis d'Henriot. *Paris, aux dépens d'un Ami des livres*, 1899, in-8, en feuilles dans un carton.

Fac-simile d'un manuscrit d'Henriot orné de 76 aquarelles; tirage unique à 100 exemplaires imprimés sur PAPIER DU JAPON et contenant un tirage à part en noir, sur Chine, de toutes les illustrations.

3490. MAUPASSANT (Guy de). Cinq contes parisiens. Illustrations de Louis Legrand. *Paris, pour les Cent bibliophiles*, 1905, gr. in-8. broché (*Couvert. illust.*).

Edition tirée à 130 exemplaires sur papier du Japon.

3491. MAUPASSANT (Guy de). Deux Contes. Le Vieux. La Ficelle. Quatre-vingt-quatre petites compositions, dessinées et gravées sur bois par A. Lepère. *Aux dépens de la Société normande du Livre illustré. Paris*, 1907. in-8, en feuilles dans un carton.

Tirage à 120 exemplaires sur papier de Hollande.

3492. MARX (Roger). La Loïe Fuller. Estampes modelées de Pierre Roche. *S. l. n. d.* (*Imprimé à Evreux par Charles Hérissey*, 1904), in-8 carré, en feuilles dans un carton (*Couvert. illust.*).

Edition tirée à 130 exemplaires; celui-ci est au nom de M. J. Le Petit.

3493. MAYNEVILLE. Chronique du temps qui fut la Jaquerie. Illustrations de L. O. Merson. *Paris, A. Romagnol*, 1903, in-8, broché.

Un des 25 exemplaires sur **papier du Japon** contenant **quatre états** de toutes les illustrations dont l'EAU-FORTE PURE.

On a ajouté une suite en **épreuves d'artiste** sur **vieux Japon.**

3494. MÉRIMÉE (Prosper). La Jaquerie, scènes féodales, 41 compositions de Luc-Olivier Merson, gravées à l'eau-forte par Chessa. *Paris, A. Blaizot*, 1909, in-8, broché (*Couvert. illust.*).

Un des **25** exemplaires imprimés sur **papier du Japon.**

Texte de Mérimée avec l'illustration du numéro précédent.

3495. MÉRIMÉE (Prosper). Chronique du règne de Charles IX. Illustrée de trente et une compositions dessinées et gravées à l'eau-forte par Edmond Morin. *Paris, imprimé pour les Amis des livres*, 1876, 2 vol. gr. in-8, brochés.

Edition imprimée à 135 exemplaires.

On y a ajouté une plaquette in-8, dos et coins de mar. grenat, contenant :

1° **17 croquis** (14 au crayon et 3 à l'encre de Chine) d'*Ed. Morin* pour l'illustration du livre.

2° **14 épreuves d'artiste**, en divers états, des vignettes du livre.

3496. MÉRIMÉE (Prosper). Carmen. Introduction de Maurice Tourneux. Illustrations de Alexandre Lunois. *Paris, pour les Cent bibliophiles*, 1901, 2 vol. pet. in-8, carrés, brochés.

Tirage unique à 125 exemplaires.

Le second volume renferme la suite complète, en tirage à part, des 170 lithographies d'*Alexandre Lunois*, et l'épreuve d'une première pierre d'essai, traitée par un procédé différent, auquel l'artiste a renoncé.

3497. MONNIER (Edouard). Pommes d'Eve. Douze contes en chemise par Une jolie fille. Illustrations de Joseph Roy. *Paris, Ed. Monnier*, 1884, in-8, mar. olive, tiges de fleurs mosaïquées sur le premier plat ; encadr. de mar. avec fil. et motifs d'angle à l'int., doubl. et gardes de soie brochée, tr. dor., couvert. illust. (*Marius Michel*).

On a ajouté à l'exemplaire les **fumés sur Chine** des illustrations et **5 dessins originaux** à la plume ou à la mine de plomb.

3498. MONTORGUEIL (Georges). Paris au hasard. Illustrations composées et gravées sur bois par Auguste Lepère. *Paris, Imprimé pour Henri Béraldi*, 1895, in-8, mar. vert foncé, fil., dos orné, large encadr. à l'int. avec fil., pointillé et motifs aux angles, gardes d'étoffe brochée, tr. dor., couverture (*Marius Michel*).

Tirage unique à 138 exemplaires sur papier vélin.
Lettre autographe de Lepère, ajoutée.

3499. MONTORGUEIL. La Cantinière, France, son histoire, imagée par Job. *Paris, Charavay, Mantoux, Martin, s. d.* (1897), in-4, cartonn. dos et coins de mar. rouge, non rogné (*Carayon*).

Exemplaire (n° 17) imprimé sur **papier du Japon** et signé par l'auteur et l'artiste.
On y a ajouté les deux plats sur toile du cartonnage des éditeurs.

3500. MONTORGUEIL. Les trois couleurs. France, son histoire. Imagé par Job. *Paris, Charavay, Martin, s. d.* (1899), in-4, cartonn., dos et coins de vélin blanc, non rogné (*Carayon*).

Exemplaire n° 1 imprimé sur **papier du Japon**, signé par l'auteur et l'artiste.
On y a ajouté les plats du cartonnage avec fers spéciaux tirés sur toile.

3501. MONTORGUEIL. France, son histoire, des origines à 1880, racontée par G. Montorgueil, imagée par Job. *Paris, Charavay, Mantoux, Martin, s. d.* (1901), in-4, cartonn., dos et coins de mar. rouge, non rogné (*Carayon*).

Exemplaire n° 16 imprimé sur **papier du Japon** et signé par l'auteur et l'artiste.
On y a ajouté les deux plats sur toile du cartonnage des éditeurs.

3502. MOREAU (Hégésippe). Petits contes en prose. Le Gui de chêne. — La Souris blanche. — Les petits souliers. — Thérèse Sureau. Illustré d'un portrait et de douze compositions par Félix Oudart. *Paris, Rouquette*, 1892, in-8, broché (*Couvert. illust.*).

Exemplaire imprimé sur papier de Hollande.

3503. MOREAU (Hégésippe). Petits contes à ma sœur. Soixante-deux illustrations de Dunki, gravées par Clément Bellenger. *Paris, Edouard Pelletan*, 1896, in-8, mar. vert, encadr. de feuillage mosaïqué et fleurs dorées, 5 fil. à l'int., tête dor., non rogné (*René Kieffer*).

Exemplaire n° 276 imprimé sur papier vélin.

3504. MORIN (Louis). Vieille Idylle, Douze pointes sèches et vingt ornements typographiques par l'auteur. *Paris, L. Conquet*, 1891, in-16, cartonn. recouvert. de soie brochée fantaisie, couvert. illust. (*Carayon*).

Un des 100 exemplaires sur **papier du Japon** avec les illustrations en **deux états** dont l'eau-forte ; **petite aquarelle** de L. Morin sur le faux titre.

3505. MOSELLY (Émile) [Émile Chénin]. La Charrue d'érable. *Paris, Le Livre contemporain* (*the Eragny press, London*), 1912, pet. in-8, reliure souple, non rogné, étui.

Edition ornée d'illustrations de *Camille Pissaro*, gravées sur bois, en couleurs, par Lucien et Esther Pissaro. Elle a été tirée à 116 exemplaires.

3506. MOUREY (Gabriel). Fêtes foraines de Paris. Gravures d'Edgar Chahine. *Paris (pour les Cent bibliophiles)*, 1906, in-8 carré, en feuilles dans un carton.

Tiré à 130 exemplaires.

3507. MOUTON (Eugène). [Mérinos]. Histoire de l'invalide à la tête de bois. Le Squelette homogène. Le Bœuf. Le Coq du clocher. Illustrations de G. Clairin. *Paris, Ludovic Baschet, s. d.*, in-4, dos et coins de mar. rouge, non rogné, couvert. illust. (*Champs*).

Un des **30** exemplaires imprimés sur **papier du Japon.**
Jolie aquarelle de **G. Clairin** sur le faux titre.

3508. MURGER (Henry). Scènes de la Bohême. Avec un frontispice et 12 gravures à l'eau-forte par Adolphe Richard. *Paris, Imprimé pour les Amis des livres*, 1879, in-8, broché.

Edition imprimée à 118 exemplaires sur papier de Hollande.

3509. MUSSET (Alfred de). Œuvres complètes, avec lettres inédites, variantes, notes, index, fac-simile, notice biographique par son frère. Edition dédiée aux amis du poète, ornée de 28 dessins de M. Bida et d'un portrait d'Alfred de Musset d'après l'original de M. Landelle, gravés sur acier sous la direction de M. Henriquel Dupont par les premiers artistes. *Paris, Charpentier*, 1866, 10 vol. gr. in-8, dos et coins, mar. rouge, fil., dos orné, tête dor., ébarbés.

Exemplaire de Paul de Musset.

3510. MUSSET (Alfred de). Mademoiselle Mimi Pinson, profil de grisette ; eaux-fortes en couleurs par François Courboin. *Paris, les Cent bibliophiles*, 1899, in-12, broché (*Couvert. illust.*).

Tirage unique à 115 exemplaires imprimés sur papier vergé, contenant le TIRAGE A PART, en noir, de toutes les illustrations.

3511. MUSSET (Alfred de). Histoire d'un merle blanc. Compositions originales de H. Giacomelli, gravées au burin et à l'eau-forte par L. Boisson. *Paris, Carteret et Cie*, 1904, in-8, broché.

Tirage unique à 200 exemplaires sur papier vélin ; on y a ajouté un carton in-4 contenant les 29 compositions de Giacomelli en **deux états** : EAUX-FORTES PURES et ÉPREUVES D'ARTISTE. Ce tirage a été fait à 30 exemplaires.

3512. NERVAL (Gérard de). Sylvie, souvenirs du Valois. Préface par Ludovic Halévy. 42 compositions par Ed. Rudaux. *Paris, Conquet*, 1886, in-12, mar. rouge, encadr. de fil. et de feuilles de laurier, dos orné, tr. dor., couverture (*Ruban*).

Exemplaire sur papier vélin.

3513. NERVAL (Gérard de). Les Filles du feu. Sylvie. Jemmy. — Octave. — Isis. — Emilie. Avec une préface de Jules Levallois. Dessins d'Emile Adan, gravés à l'eau-forte par Le Rat. *Paris, Lib. des Bibliophiles*, 1888, in-8, mar. orange, encadrem. de 10 filets, motifs aux angles, dos orné, 4 fil. à l'int., tr. dor., couvert. illust. (*Lortic*).

Un des **10** exemplaires imprimés sur **papier du Japon** contenant les illustrations **en trois états** dont l'EAU-FORTE PURE.

3514. NODIER (Charles). Le dernier Chapitre de mon roman. Préface de Maurice Tourneux. Nouvelle édition, illustrée de trente-trois compositions de Louis Morin. *Paris, L. Conquet*, 1895, in-8, cartonn., dos et coins toile rouge, non rogné, couverture (*Carayon*).

Exemplaire sur **papier du Japon** tiré pour M. René Conquet.

3515. PARIS-VIVANT. Clovis Hugues. Le Journal. Avec une préface de M. Henri Bouchot, *Paris, Société artistique du livre illustré*, 1890. — SARCEY (Francisque). Le Théâtre. *Ibid., id.*, 1893, ens. 2 vol. in-8. cartonn., dos et coins toile rouge, non rognés, couvertures (*Carayon*).

Exemplaires sur papier du Marais.

3516. PERRAULT (Ch.). Les Contes, précédés d'une préface par P. L. (Paul Lacroix), Jacob, bibliophile, et suivis de la dissertation sur les contes de fées par le baron Valckenaer. Douze eaux-fortes par Lalauze. *Paris, Lib. des bibliophiles*, 1876, 2 vol. in-8, brochés.

Un des 15 exemplaires sur **grand papier de Chine**, contenant les illustrations en **deux états** : AVANT et avec la lettre.

3517. POINCARÉ (Raymond). Marcelin Berthelot, discours prononcé à la Sorbonne le 3 octobre 1908. Eaux-fortes de F. Desmoulin. *Paris, Le Livre comtemporain,* 1913, in-4, en feuilles, en carton.

Edition originale, publiée par les soins de M. Pierre Dauze et Léon Hennique et tirée à 125 exemplaires ; eaux-fortes en trois états, dont l'eau-forte pure.

3518. PRÉVOST (Marcel). L'Accordeur aveugle, illustrations de François Courboin. *Paris, Lemerre,* 1905, pet. in-8, broché (*Couvert. illust.*).

Edition originale.

Un des 20 exemplaires imprimés sur **papier du Japon**, contenant le **tirage à part**, en noir, de toutes les illustrations.

3519. QUENTIN-BAUCHART (Maurice). Fils d'Empereur, le petit Prince. Illustrations et reproductions de photographies. *Paris, Ernest Flammarion, s. d.*, in-8, broché (*Couvert. illust.*).

Un des 25 exemplaires sur **papier de Chine** tirés pour la librairie Carteret.

3520. RAMBAUD (Yveling). Force psychique. Illustrations de Albert Besnard, gravées sur bois par Florian. Préface par Victorien Sardou. *Paris, Ludovic Baschet,* 1889, in-4, broché.

Un des **10** exemplaires imprimés sur **papier du Japon**; contenant **deux états** des planches hors texte dont un sur papier pelure du Japon signé à la mine de plomb en dehors de la partie gravée.

3521. RÉGNIER (Henri de). Esquisses vénitiennes, avec 10 planches hors texte, gravées en taille-douce et des dessins dans le texte par Maxime Dethomas. *Paris, Collection de l'Art décoratif,* 1906, pet. in-4, broché (*Couvert. illust.*),

Un des 20 exemplaires imprimés sur **papier du Japon**, avec une double suite des planches en taille-douce.

3522. RÉGNIER (Henri de). Trois contes à soi-même. Miniatures de Maurice Ray, gravées par A. Bertrand. *Paris, pour les Cent bibliophiles,* 1907, in-8 carré, en feuilles, dans un carton.

Ouvrage tiré à 130 exemplaires.
Jolies illustrations imprimées en couleurs.

3523. RÉGNIER (Henri de). La courte vie de Balthasar Aldramin, vénitien. Compositions de R. Deygas, gravées à l'eau-forte par X. Lesueur. *Paris, Ferroud, s. d.*, in-8, broché.

Un des **30** exemplaires sur **papier du Japon** avec **trois états** des eaux-fortes dont l'eau-forte pure et **un dessin original** de Deygas.

3524. RENARD (Jules). Les Philippe, précédés de Patrie ! décorés de cent un bois originaux, dont huit camaïeux de Paul Colin. *Éditions d'art, Édouard Pelletan, Paris,* 1907, gr. in-8, en feuilles dans un carton (*Couvert.*).

Un des 75 exemplaires imprimés sur **papier de Chine.**

3525. RÉVEILHAC (Paul). Étapes d'un mobile parisien. Six compositions de Sahib gravées par Clapès. *Paris, C. Marpon et E. Flammarion,* 1886, in-16, dos et coins de mar. rouge, fil., dos orné, tête dor., non rogné, couverture (*Champs*).

Exemplaire imprimé sur **papier du Japon** contenant les illustrations en **trois états** dont l'EAU-FORTE PURE.

3526. RÉVEILHAC (Paul). Un Début au Marais par Fusillot, eaux-fortes de Lalauze, compositions de Giacomelli. *Paris, Ferroud,* 1892, in-12, cartonn., dos et coins vélin, non rogné, couverture (*Carayon*).

Exemplaire imprimé sur **papier de Chine** avec les eaux-fortes en **deux états** : sur Japon avec remarque et sur Chine.

3527. RICHEPIN (Jean). Les Débuts de César Borgia. *Paris, pour la Société des Bibliophiles contemporains,* 1890, gr. in-8, broché.

Illustrations de *Rochegrosse,* gravées à l'eau-forte par *Paul Avril, F. Courboin, Fornet* et *Manesse* ; elles sont en deux états : en couleurs dans le texte, et en noir en tirage hors texte.

3528. RICHEPIN (Jean). Paysages et coins de rues ; illustrations en couleurs, dessinées et gravées sur bois par Auguste Lepère ; préface de Georges Vicaire. *Paris, Librairie de la Collection des Dix,* 1900, in-8, cartonn., dos et coins, de mar. rouge, non rogné, couverture illust. (*Carayon*).

Un des 25 exemplaires imprimés sur **papier du Japon** à la main, contenant le **tirage à part** de toutes les figures.

3529. ROBIDA (A.). Le Voyage de M. Dumollet, texte et dessins par A. Robida. *Paris, Georges Decaux, s. d.,* in-4, broché (*Couvert. illust.*).

Exemplaire imprimé sur **papier du Japon.**

Envoi autographe de l'auteur à Giacomelli, et DESSIN A LA PLUME par ROBIDA sur la page du faux titre.

3530. RODENBACH (Georges). Bruges-la-Morte. Quarante trois compositions originales d'après nature, dessinées et gravées sur bois par Henri Paillard. *Paris, L. Carteret et Cie,* 1900, in-8, mar.

brun, encadr. de 7 fil., dos orné, 4 fil. à l'int., tr. dor. sur témoins, couverture (*A. Cuzin*).

Tirage à 200 exemplaires.
Un des 150 imprimés sur papier vélin du Marais à la forme auquel on a ajouté le **tirage à part** sur **Chine** de toutes les illustrations.

3531. SALIS (Rodolphe). Contes du Chat Noir. — L'Hiver, préface de Philippe Gille. *Paris, Lib. illustrée, s. d.* — Le Printemps. Préface de Francisque Sarcey. *Paris, E. Dentu,* 1891. Ens. 2 vol. in-8, cartonn. dos et coins toile grise, couvert. illust. en coul., non rognés.

Édition originale. Illustrations de *Steinlen, Robida, Henri Rivière, Willette,* etc.

3532. SAMAIN (Albert). Le Chariot d'Or, compositions et gravures de Charles Chessa. *Paris, F. Ferroud,* 1907, pet., in-4, broché.

Exemplaire sur **grand vélin** d'Arches, contenant les eaux-fortes en **trois états** dont l'eau-forte pure.

3533. SAMAIN (Albert). Au Jardin de l'Infante. Compositions de Carlos Schwabe, gravées sur bois par J. C. G. M. Beltrand. *Paris, Le Livre contemporain,* 1908, in-8 en feuilles dans un carton.

Tirage à 120 exemplaires.

3534. SAMAIN (Albert). Symphonie héroïque, compositions et gravures de Charles Chessa. *Paris, F. Ferroud,* 1908, pet. in-4, broché.

Exemplaire sur **grand vélin** d'Arches, contenant les eaux-fortes en **trois états,** dont l'eau-forte pure.

3535. SCHULZE (Ernst). La Rose enchantée, traduction de E. La Forgue. Compositions et eaux-fortes par Gaston Bussière. *Paris, Edition Boudet, Librairie Lahure, s. d.,* gr. in-8, dos et coins de mar. bleu, fil., dos orné et mosaïqué, tête dor., non rogné, couvert. illust. (*Noulhac*).

Exemplaire imprimé sur papier vélin.

3536. SCHWOB (Marcel). La Porte des rêves, illustrations de Georges de Feure. *Paris, pour les Bibliophiles indépendants, Floury,* 1899, in-4, broché (*Couvert. illust.*).

Tiré à 220 exemplaires sur papier du Japon.

3537. SOREL (Albert). Vieux habits, vieux galons, édition originale, préface de Frédéric Masson. Illustrations de Maurice Leloir. *Paris, L. Carteret,* 1913, in-8, broché.

Un des 50 exemplaires sur papier de Hollande à la forme, imprimés pour la *Société normande du livre illustré.*

3638. SOULIÉ (Frédéric). Le Lion amoureux. Nouvelle édition, illustrée de 19 vignettes dessinées par Sahib et gravées au burin sur acier par Nargeot, avec notice historique et littéraire par Ludovic Halévy. *Paris, L. Conquet,* 1882, in-12, broché.

Un des 50 exemplaires imprimés sur **papier du Japon** contenant le **tirage à part** des illustrations.

3539. STENDHAL. La Chartreuse de Parme, réimpression textuelle de l'édition originale. Illustrée de 32 eaux-fortes par V. Foulquier. Préface de Francisque Sarcey. *Paris, L. Conquet,* 1883, 2 vol. gr. in-8, brochés.

Exemplaire n° 94, imprimé sur **papier du Japon.**

3540. STENDHAL. Le Rouge et le Noir. Réimpression textuelle de l'édition originale. Illustrée de 80 eaux-fortes par H. Dubouchet. Préface de Léon Chapron. *Paris, L. Conquet,* 1884, 3 vol. in-8, brochés.

Exemplaire n° 94 imprimé sur **papier du Japon.**

3541. STENDHAL. L'Abbesse de Castro. Avec illustrations de Eugène Courboin. *Paris, pour les sociétaires de l'Académie des beaux livres,* 1890, in-8, broché.

Edition imprimée à 160 exemplaires sur papier vélin.

3542. SULLY PRUD'HOMME. Lettres à une amie, 1865-1881. *Paris, le Livre contemporain,* 1911, 2 vol. gr. in-8, port., en feuilles dans des cartons.

Tiré à 120 exemplaires sur papier d'Arches.

3543. THARAUD (Jérome et Jean). L'Ami de l'Ordre, épisode de la Commune avec quinze illustrations de Daniel Vierge, gravées par Eugène Froment. Edition originale. *Paris, Edouard Pelletan,* 1905, gr. in-8, broché.

Exemplaire imprimé sur **papier vélin du Marais.**

3544. THÉOCRITE. Œuvres, traduction nouvelle de Paul Desjardins. Eaux-fortes par Armand Berton. *Paris, Société des « Cent bibliophiles »*, 1910, gr. in-8, broché.

Edition imprimée à 130 exemplaires, par les soins de MM. Eugène Rodrigues et Henri Vever.

3545. THEURIET (André). Sous bois. Nouvelle édition, illustrée de soixante-dix-huit compositions de H. Giacomelli gravées sur bois par Berveiller, Froment, Méaulle et Rouget. Préface de Jules Claretie. *Paris, L. Conquet-G. Charpentier*, 1883, pet. in-8, broché (*Couvert. illust.*).

Exemplaire imprimé sur **papier de Chine**.

3546. THIURLY (L. M. de). Ceux que j'aime (Paul Adam, Eug. Carrière, Léandre, O. Mirbeau, Rodin, Laurent Tailhade, Willette, etc.). *Paris, s. d.*, in-4, en feuilles, dans un cartonnage en bois.

22 portraits par *Besnard, Sem, Cappiello, Eug. Carrière, Léandre, Willette*, etc., etc.

3647. TILLIER (Claude). Mon Oncle Benjamin. Nouvelle édition illustrée d'un portrait-frontispice et de 42 dessins de Sahib, gravés sur bois par Prunaire, avec une préface par Monselet. *Paris, Conquet*, 1881, 2 vol. pet. in-8, brochés (*Couvert. illust.*).

Un des 50 exemplaires sur **papier blanc du Japon.**

3548. UZANNE (Octave). La Française du Siècle. Modes. Mœurs. Usages. Illustrations à l'aquarelle de Albert Lynch, gravées à l'eau-forte en couleurs par Eugène Gaujean. *Paris, Quantin*, 1886, gr. in-8, mar. bleu, fil. et pet. dent., grand encadr. de filets, avec ornements de feuillage, et motifs d'angle, dos orné, large dent. int., tr. dor., couvert. illust. (*Chambolle-Duru*).

Un des **100** exemplaires imprimés sur **papier du Japon** grand format, contenant les figures en **trois états** dont deux avant la lettre : en noir et en couleurs.

3549. UZANNE (Octave). Le Paroissien du Célibataire ; observations physiologiques et morales sur l'état du célibat. Illustrations d'Albert Lynch, gravées à l'eau-forte par E. Gaujean. *Paris, Quantin*, 1890. in-8, broché.

Un des 50 exemplaires imprimés sur **papier du Japon.**
Le frontispice est en deux états.

3550. UZANNE (Octave). Dictionnaire bibliophilosophique, typologique, iconophilesque, bibliopégique et bibliotechnique à l'usage des bibliognostes, des bibliomanes et des biblioplilistins. *Paris, Imprimé pour les Sociétaires de l'Académie des beaux livres*, 1896, pet. in-8, broché, dans un emboîtage.

Édition imprimée à 176 exemplaires pour les sociétaires de l'Académie des beaux livres.

3551. VERLAINE (Paul). Fêtes galantes, ornées de 69 dessins par A. Gérardin, gravés sur bois par les membres de la Société. *Paris, Société artistique du livre illustré*, 1899, gr. in-8, cartonn., dos et coins de mar. vert, fil., dos orné et mosaïqué, tête dor., non rogné et couverture (*Ch. Meunier*).

Un des 10 exemplaires sur **papier du Japon** contenant une suite des illustrations sur Japon mince. Il a été enrichi de 24 **jolies aquarelles originales**.

3552. VICAIRE (Gabriel). Rossette en Paradis. Quinze eaux-fortes en couleurs par Louis Morin. *Paris, gravé et imprimé pour les Amis des livres*, 1904, in-8, broché.

Tirage unique à 115 exemplaires sur papier vélin.

2553. VIGNY (Alfred de). Servitude et grandeur militaires. Dessins de Julien Le Blant, gravés à l'eau-forte par Champollion. *Paris, Librairie des bibliophiles*, 1885, gr. in-8, cartonn., dos et coins de mar. bleu, non rogné (*Champs*).

Un des 100 exemplaires imprimés snr **vélin de Hollande** contenant les illustrations en **deux états** : AVANT et avec la lettre.

3554. VIGNY (Alfred de). Servitude et grandeur militaires. Dessins de H. Dupray, gravés à l'eau-forte par Daniel Mordant. *Paris, imprimé pour les Amis des livres*, 1885, gr. in-8, mar. bleu, encad. de 4 compart. de fil., coins ornés, semis de petites fleurs, dos orné, doublé de mar. rouge, encad. de mar. bleu orné du chiffre de B. Maglione, gardes de moire rouge, couvert. imp. (*Binda, à Milan*).

Tirage unique à 121 exemplaires sur papier du Japon contenant les illustrations en trois états.

3555. WEBER'S (Les). Les Weber's. Les Weber's. *Paris, Emile Testard*, 1895, gr. in-8, figures, mar. orange, premier plat orné d'une grande composition en mar. de diverses couleurs ; encadr. int. de mar. mosaïqué, tête dor., non rogné, couvert. illust. (*Meunier*).

Un des **25** exemplaires sur **papier de Chine**.

3556. WILLETTE (Adolphe). Œuvres choisies. Contenant 100 dessins choisis dans le *Courrier français* de 1884 à 1901. Préface illustrée de l'auteur. *Paris, H. Simonis Empis*, 1901, gr. in-8 broché (*Couvert. illust.*).

Un des **50.** exemplaires imprimés sur **papier du Japon.**

3557. ZOLA (Emile). Germinal. Illustré de bois en camaïeu par Paul-Emile Colin. *Paris, pour les Cent bibliophiles*, 1912, 2 vol. gr. in-8, brochés.

Edition imprimée à 120 exemplaires, par les soins de M. Eugène Rodrigues.

ORDRE DES VACATIONS

CHARTRES. — IMPRIMERIE DURAND, RUE FULBERT.

www.ingramcontent.com/pod-product-compliance
Ingram Content Group UK Ltd.
Pitfield, Milton Keynes, MK11 3LW, UK
UKHW020150220726
13923UKWH00001B/453